Sérgio Simka (Coordenação)
Jarbas Thaunahy Santos de Almeida

Educação Financeira
NÃO É UM BICHO-DE-SETE-CABEÇAS

CB136859

Cópia não autorizada é crime
Lei 9.610 de 19/02/1998
Respeite o direito autoral

EDITORA CIÊNCIA MODERNA

Educação financeira não é um bicho-de-sete-cabeças

Copyright© Editora Ciência Moderna Ltda., 2023

Todos os direitos para a língua portuguesa reservados pela EDITORA CIÊNCIA MODERNA LTDA.
De acordo com a Lei 9.610, de 19/2/1998, nenhuma parte deste livro poderá ser reproduzida, transmitida e gravada, por qualquer meio eletrônico, mecânico, por fotocópia e outros, sem a prévia autorização, por escrito, da Editora.

Editor: Paulo André P. Marques
Produção Editorial: Dilene Sandes Pessanha
Capa: Daniel Jara
Diagramação: Daniel Jara
Copidesque: Equipe Ciência Moderna

Várias **Marcas Registradas** aparecem no decorrer deste livro. Mais do que simplesmente listar esses nomes e informar quem possui seus direitos de exploração, ou ainda imprimir os logotipos das mesmas, o editor declara estar utilizando tais nomes apenas para fins editoriais, em benefício exclusivo do dono da Marca Registrada, sem intenção de infringir as regras de sua utilização. Qualquer semelhança em nomes próprios e acontecimentos será mera coincidência.

FICHA CATALOGRÁFICA

SIMKA, Sérgio (Coordenação); ALMEIDA, Jarbas **Thaunahy Santos de.**

Educação financeira não é um bicho-de-sete-cabeças

Rio de Janeiro: Editora Ciência Moderna Ltda., 2023.

1. Economia Financeira. Finanças pessoais
I — Título

ISBN: 978-65-5842-319-5 CDD 332.024

Editora Ciência Moderna Ltda.
R. Alice Figueiredo, 46 – Riachuelo
Rio de Janeiro, RJ – Brasil CEP: 20.950-150
Tel: (21) 2201-6662/ Fax: (21) 2201-6896
E-MAIL: LCM@LCM.COM.BR
WWW.LCM.COM.BR

01/24

Apresentação

Neste livro, embarcaremos em uma jornada emocionante para desvendar os segredos da educação financeira. Prepare-se para uma leitura envolvente, repleta de exemplos práticos e dicas valiosas que vão transformar a sua relação com o dinheiro.

Ao longo dessas páginas, vamos desmistificar a ideia de que a educação financeira é complicada e reservada apenas para especialistas. Aqui, você descobrirá que é perfeitamente possível aprender a gerenciar suas finanças de forma simples e descomplicada, mesmo que você não tenha familiaridade com o assunto.

Com uma abordagem direta e acessível, vamos explorar conceitos básicos de finanças pessoais, sem jargões complicados ou termos técnicos confusos. Afinal, a nossa missão é tornar a educação financeira acessível a todos, independentemente do nível de conhecimento prévio. Além disso, não faltará inspiração e motivação ao longo desta jornada. Com exemplos cotidianos, você verá como as dicas e estratégias apresentadas podem ser aplicadas imediatamente em sua vida financeira. Queremos que você se sinta confiante e capacitado para tomar decisões inteligentes e alcançar seus objetivos financeiros.

Você encontrará capítulos dedicados a temas essenciais, como montar um orçamento pessoal, controlar gastos supérfluos e estabelecer metas financeiras realistas. Também abordaremos a importância de conhecer e controlar suas finanças pessoais, os perigos do endividamento e da falta de planejamento financeiro, além de estratégias para lidar com dívidas e empréstimos.

Mas não para por aí! Vamos além e exploraremos estratégias para economizar no dia a dia, desde as compras no supermercado até o consumo consciente de energia elétrica e água. Também daremos dicas para escolher opções de transporte mais econômicas e reduzir os gastos com lazer e entretenimento.

E como não poderia faltar, dedicaremos um capítulo exclusivo ao planejamento da aposentadoria. Vamos mostrar como se preparar desde cedo, conhecer as opções de previdência privada e estratégias para garantir um futuro financeiro estável.

Para encerrar, exploraremos os diferentes tipos de investimentos disponíveis e como escolher aqueles que se adequam aos seus objetivos financeiros. Também compartilharemos dicas para começar a investir mesmo com pouco dinheiro e entender os riscos e retornos envolvidos.

Portanto, prepare-se para embarcar nessa jornada transformadora. Este livro é um convite para adquirir conhecimento, colocar em prática e colher os frutos de uma vida financeira saudável e equilibrada. Está pronto para mudar sua história financeira? Então, vamos começar!

Introdução

Você já parou para pensar como seria ter o controle total sobre o seu dinheiro? Poder tomar decisões financeiras conscientes, sem se preocupar com dívidas ou gastos excessivos? Acredite, isso não é um sonho distante e nem um bicho de sete cabeças! Bem-vindo(a) ao livro **Educação financeira não é um bicho-de-sete-cabeças** – uma jornada para descobrir como gerenciar suas finanças de forma prática e descomplicada.

Imagine ter a liberdade de fazer as escolhas que realmente importam para você: viajar, investir em seus sonhos, proporcionar uma educação de qualidade para seus filhos, e até mesmo garantir um futuro tranquilo para a sua aposentadoria. Acredite, tudo isso é possível através do conhecimento e da aplicação de princípios básicos de educação financeira.

Neste livro, vamos desvendar os segredos por trás do dinheiro e mostrar como você pode transformar a sua relação com as finanças. Não importa se você nunca teve familiaridade com o assunto ou se sempre se sentiu perdido quando o assunto era dinheiro, pois aqui você encontrará exemplos práticos do dia a dia que irão ajudá-lo a entender e aplicar conceitos financeiros em sua vida real.

Através de dicas simples e eficazes, vamos ensiná-lo a montar um orçamento, controlar seus gastos, economizar no dia a dia e até mesmo investir para o futuro. Você descobrirá que pequenas mudanças de hábitos podem fazer uma grande diferença em sua situação financeira.

Seja você é um jovem profissional que está apenas começando sua jornada financeira, um pai ou uma mãe de família que busca proporcionar uma vida melhor para os filhos, ou até mesmo alguém que já está pensando em se aposentar, este livro é para você. A educação financeira não é um privilégio de poucos, mas sim uma habilidade que todos podemos desenvolver.

Então, está pronto para dar o primeiro passo rumo ao controle financeiro e a uma vida mais tranquila? Prepare-se para descobrir que educação financeira não é um bicho de sete cabeças, mas sim a chave para realizar seus sonhos e conquistar a tão desejada estabilidade financeira. Vamos começar essa jornada juntos!

Sumário

Capítulo 1: Por que a Educação Financeira é Importante?

Neste capítulo, vamos explorar a importância da educação financeira em nossa vida e como ela pode fazer toda a diferença na busca por uma saúde financeira sólida. Veremos que a educação financeira não é um assunto reservado apenas para especialistas, mas algo que todos podem aprender e aplicar em seu dia a dia. Prepare-se para descobrir como o conhecimento financeiro pode transformar sua vida.

Imagine ter o controle total sobre o seu dinheiro. Poder tomar decisões conscientes, sem se sentir refém de dívidas ou de gastos impulsivos. A educação financeira é a chave para alcançar essa liberdade. Ao aprender a gerenciar suas finanças de forma inteligente, você se torna o protagonista de sua própria história financeira.

Antes de começarmos a explorar as estratégias de educação financeira, é fundamental conhecermos nossa realidade financeira atual. Faça uma análise honesta de sua situação: qual é sua renda mensal, quais são suas despesas fixas e variáveis, quais são suas dívidas e quais são seus objetivos financeiros. Isso ajudará a estabelecer uma base sólida para as próximas etapas.

Imaginemos que você é uma pessoa que trabalha em tempo integral e possui uma renda mensal de R$ 3.500,00 proveniente do seu salário. Agora, é hora de fazer uma análise honesta de sua situação financeira, identificando suas despesas fixas e variáveis, dívidas e objetivos financeiros.

Despesas fixas:

Moradia (aluguel): R$ 800,00
Contas de água, luz e internet: R$ 250,00
Transporte: R$ 200,00
Total de despesas fixas: R$ 1.250,00

Despesas variáveis:

Alimentação: R$ 500,00
Lazer: R$ 300,00
Compras pessoais: R$ 200,00
Total de despesas variáveis: R$ 1.000,00

Dívidas: você possui um cartão de crédito com uma dívida de R$ 2.000,00, que possui uma taxa de juros de 12% ao mês.

Objetivos financeiros: realizar uma viagem no final do ano que custará cerca de R$ 3.000,00.

Ao fazer essa análise honesta, você terá uma visão clara de sua renda, despesas, dívidas e objetivos financeiros. Com essas informações em mãos, poderá criar um orçamento adequado à sua realidade, identificar áreas onde é possível reduzir gastos e direcionar seus recursos de forma mais eficiente para alcançar seus objetivos financeiros.

A partir do conhecimento de sua realidade financeira, é hora de criar um planejamento financeiro personalizado. Comece estabelecendo metas financeiras realistas e tangíveis. Por exemplo, se você tem o objetivo de economizar para uma viagem, defina um valor específico e uma data limite para alcançá-lo. Isso dará direção e motivação para suas ações.

Suponhamos que você tenha o objetivo de economizar para realizar uma viagem dos sonhos no final do ano, que custará cerca de R$ 3.000,00. Agora, é hora de definir um valor específico e uma data limite para alcançar esse objetivo.

Valor específico do objetivo: R$ 3.000,00

Data limite para alcançar o objetivo: 31 de dezembro do corrente ano.

Com essas informações, você já tem uma direção clara para suas ações e um prazo determinado para economizar o valor necessário para a viagem. Agora, vamos voltar à análise financeira anterior para identificar como você pode alcançar esse objetivo:

> Renda mensal: R$ 3.500,00
> Despesas fixas: R$ 1.250,00
> Despesas variáveis: R$ 1.000,00
> Dívida do cartão de crédito: R$ 2.000,00
> Economia necessária para a viagem: R$ 3.000,00

Primeiro, verifique quanto dinheiro você pode economizar mensalmente:

> **Renda mensal - Despesas fixas - Despesas variáveis - Pagamento da dívida do cartão de crédito = Renda disponível para economia**
>
> **R$ 3.500,00 - R$ 1.250,00 - R$ 1.000,00 - R$ 250,00 = R$ 1.000,00**

Você tem R$ 1.000,00 disponíveis para economia a cada mês.

Agora, vamos calcular em quanto tempo você alcançará o objetivo de economizar R$ 3.000,00:

Objetivo financeiro / Economia mensal = Tempo necessário para atingir o objetivo

R$ 3.000,00 / R$ 1.000,00 = 3 meses

Com uma economia de R$ 1.000,00 por mês, você alcançará seu objetivo de economizar R$ 3.000,00 em apenas 3 meses, até o final do ano.

Dessa forma, você terá direção e motivação para suas ações, sabendo exatamente quanto precisa economizar por mês e em quanto tempo alcançará o objetivo de realizar a viagem dos sonhos. Ao manter o foco e a disciplina, você estará mais próximo de transformar esse sonho em realidade e aproveitar momentos inesquecíveis.

A chave para alcançar seus objetivos financeiros é manter o foco, a disciplina e a motivação para seguir o plano traçado. A conexão entre seus objetivos financeiros, ações práticas e um prazo determinado ajudará você a ter sucesso em suas metas.

Um dos pilares da educação financeira é o controle de gastos. É fundamental entender para onde está indo o seu dinheiro e identificar possíveis desperdícios. Uma dica prática é registrar todas as despesas, mesmo as menores, por um mês. Ao analisar esses registros, você poderá identificar áreas onde é possível reduzir gastos e fazer ajustes.

Durante esse mês de registro, você acompanhou todas as suas despesas minuciosamente:

Aluguel: R$ 800,00
Contas de água, luz e internet: R$ 250,00
Transporte: R$ 200,00
Alimentação: R$ 500,00
Lazer: R$ 300,00
Compras pessoais: R$ 200,00
Saúde e cuidados pessoais: R$ 100,00
Renda fixa (investimento): R$ 150,00
Pagamento da dívida do cartão de crédito: R$ 250,00

Total de despesas: R$ 2.850,00

Ao analisar esses registros, você percebeu que gastos com lazer, como idas a restaurantes e cinema, totalizaram R$ 300,00 durante o mês. Isso representa, aproximadamente, 10% das suas despesas totais.

Você também notou que as compras pessoais, como roupas e eletrônicos, somaram R$ 200,00 durante o mês, o equivalente a 7% das suas despesas totais. Agora, com essas informações, você pode identificar áreas onde é possível reduzir gastos e fazer ajustes:

Lazer: Você pode optar por programas de lazer mais econômicos, como fazer piqueniques no parque ou assistir a filmes em casa, economizando R$ 50,00 por mês.

Compras pessoais: Você pode evitar compras impulsivas e adiar a aquisição de itens não essenciais, economizando R$ 30,00 por mês.

Com esses ajustes, suas novas despesas passam a ser:

Aluguel: R$ 800,00
Contas de água, luz e internet: R$ 250,00
Transporte: R$ 200,00
Alimentação: R$ 500,00
Lazer: R$ 250,00
Compras pessoais: R$ 170,00
Saúde e cuidados pessoais: R$ 100,00
Renda fixa (investimento): R$ 150,00
Pagamento da dívida do cartão de crédito: R$ 250,00

Total de despesas: R$ 2.670,00

Com essas pequenas mudanças, você conseguiu reduzir suas despesas em R$ 180,00 por mês, o que representa uma economia de R$ 2.160,00 ao longo de 12 meses, sem considerar os ganhos de juros, caso essa quantia seja investida em uma aplicação financeira.

Essa análise detalhada de suas despesas e a identificação de áreas onde é possível reduzir gastos e fazer ajustes são fundamentais para otimizar sua gestão financeira e direcionar melhor seus recursos, permitindo que você alcance seus objetivos financeiros de forma mais eficiente e consciente.

Essa é uma demonstração de como registrar todas as despesas, mesmo as menores, por um mês, podem fornecer *insights* valiosos sobre seus hábitos de consumo e possibilitar ajustes que levarão a uma gestão financeira mais eficiente e consciente. Ao identificar possíveis desperdícios e fazer esses ajustes, você estará direcionando melhor seus recursos financeiros e se aproximando ainda mais de uma vida financeira saudável e equilibrada.

Outro aspecto importante abordado na educação financeira é o endividamento consciente. Nem todas as dívidas são ruins, mas é preciso entender a diferença entre dívidas saudáveis e dívidas que podem levar a problemas financeiros. Por exemplo, um empréstimo para investir em educação ou em um negócio próprio pode ser considerado uma dívida saudável, pois traz retorno no longo prazo.

Imagine que você tem o desejo de abrir um negócio próprio, mas, para isso, precisa investir em um curso específico que aprimorará suas habilidades e conhecimentos. O valor do curso é de R$ 5.000,00.

Nessa situação, você avaliou cuidadosamente as possibilidades e identificou que, mesmo economizando com alguns gastos supérfluos, levaria anos para juntar esse valor e iniciar o negócio. No entanto, você também percebeu que o mercado em que pretende atuar tem um grande potencial e que, ao adquirir esse conhecimento, você poderá oferecer serviços e produtos diferenciados, aumentando suas chances de sucesso.

Diante dessa análise, você decidiu tomar um empréstimo bancário para investir no curso. Optou por um empréstimo com juros razoáveis, com parcelas que cabem no seu orçamento mensal. Ao final do curso, você espera começar a colocar em prática seus novos conhecimentos e iniciar o negócio próprio.

Essa decisão de buscar um empréstimo para investir em sua educação e no negócio próprio é considerada uma dívida saudável, pois traz retorno no longo prazo. O conhecimento adquirido no curso permitirá que você aumente sua empregabilidade, desenvolva habilidades relevantes para o mercado e tenha maiores chances de sucesso em seu empreendimento.

É importante ressaltar que, para que esse empréstimo seja de fato uma dívida saudável, é fundamental planejar-se bem, garantindo que as parcelas do empréstimo se encaixem em seu orçamento, e que você esteja comprometido em concluir o curso e utilizar o conhecimento adquirido de forma estratégica em seu negócio. Com disciplina e foco, essa dívida poderá ser rapidamente convertida em um investimento que proporcionará benefícios significativos em sua carreira e empreendimento no longo prazo.

Uma parte essencial da educação financeira é criar uma reserva de emergência. Situações inesperadas, como uma doença ou uma demissão, podem afetar nossas finanças. Ter uma reserva de emergência é fundamental para lidar com essas situações sem comprometer nosso equilíbrio financeiro. Reserve uma quantia todos os meses e, aos poucos, você construirá uma reserva sólida.

Imagine que você é um profissional autônomo que possui uma renda mensal média de R$ 4.000,00. Você sabe que, como autônomo, pode haver variações em sua renda, e também reconhece a importância de estar preparado para situações inesperadas.

Ao fazer uma análise honesta de sua situação financeira, você identificou que suas despesas mensais fixas são de aproximadamente R$ 2.500,00, incluindo aluguel, contas básicas, alimentação, transporte e outras despesas essenciais.

Para criar uma reserva de emergência, você decide reservar todos os meses uma quantia que corresponda a 3 meses de suas despesas fixas, ou seja, R$ 7.500,00.

A estratégia que você adota é a seguinte:

A cada mês, você destina R$ 750,00 (18,75% de sua renda média mensal) para a reserva de emergência. Isso significa que ao final de 10 meses, você terá juntado R$ 7.500,00, o equivalente a 3 meses de suas despesas fixas. Novamente, estamos desconsiderando os ganhos de juros, caso a opção seja por aplicar essa quantia, mensalmente, em um investimento qualquer.

Passados os 10 meses, você se sente mais tranquilo por ter uma reserva sólida. Se enfrentar uma situação inesperada, como uma doença que te impossibilite de trabalhar temporariamente ou uma redução na demanda por seus serviços, você sabe que tem um colchão financeiro que cobrirá suas despesas por 3 meses, enquanto procura soluções.

Além disso, com uma reserva de emergência, você consegue enfrentar essas situações sem comprometer o equilíbrio de suas finanças ou recorrer a empréstimos que poderiam gerar mais dívidas.

Ter essa reserva é uma forma de proteger-se contra imprevistos e manter sua estabilidade financeira, trazendo tranquilidade para lidar com os desafios que possam surgir ao longo do caminho.

1.1 A importância de conhecer e controlar suas finanças pessoais

Quando temos o conhecimento e o controle sobre nossas finanças, podemos tomar decisões conscientes e evitar situações de endividamento e desequilíbrio financeiro. Vamos explorar alguns exemplos práticos e propostas de aplicação imediata para que você possa começar a conhecer e controlar suas finanças pessoais.

Um dos primeiros passos para conhecer suas finanças pessoais é entender sua renda mensal e suas despesas. Liste todas as suas fontes de renda, como salário, rendimentos de investimentos, aluguéis, entre outros. Em seguida, identifique todas as suas despesas fixas, como moradia, alimentação, transporte, e as despesas variáveis, como lazer, compras e entretenimento. Ao ter uma visão clara de sua renda e despesas, você poderá identificar possíveis áreas onde é possível reduzir gastos e direcionar melhor seus recursos.

Imagine que você é um profissional assalariado e também tem investimentos que geram rendimentos. Além disso, possui um apartamento no litoral que você aluga para ter uma fonte adicional de renda.

Renda:
Salário mensal: R$ 4.000,00
Rendimento de investimentos: R$ 300,00
Aluguel do apartamento: R$ 800,00
Total de Renda: R$ 5.100,00

Despesas Fixas:
Aluguel da moradia: R$ 1.200,00
Contas de água, luz e internet: R$ 200,00

Transporte: R$ 150,00
Alimentação: R$ 500,00
Total de Despesas Fixas: R$ 2.050,00

Despesas Variáveis:
Lazer: R$ 300,00
Compras pessoais: R$ 200,00
Saúde e cuidados pessoais: R$ 100,00
Total de Despesas Variáveis: R$ 600,00

Com essas informações, você tem uma visão clara de sua renda e despesas mensais:
Renda Total: R$ 5.100,00
Despesas Fixas: R$ 2.050,00
Despesas Variáveis: R$ 600,00

Para identificar possíveis áreas onde é possível reduzir gastos e direcionar melhor seus recursos, você analisa suas despesas detalhadamente. Você percebe que pode economizar R$ 100,00 nas despesas de lazer, reduzindo gastos com restaurantes e optando por atividades gratuitas ou mais econômicas. Além disso, você decide diminuir em R$ 50,00 suas compras pessoais, evitando compras impulsivas e buscando melhores oportunidades de desconto.

Com esses ajustes, suas novas despesas seriam:
Despesas Fixas: R$ 2.050,00
Despesas Variáveis: R$ 450,00
Total de Despesas após os ajustes: R$ 2.500,00

Com essas pequenas mudanças, você conseguiu reduzir suas despesas mensais em R$ 150,00, o que representa uma economia de R$ 1.800,00 ao longo de um ano, sem o cômputo dos juros, eventualmente, recebidos de uma aplicação financeira. Essa quantia economizada pode ser direcionada para investimentos ou para alcançar seus objetivos financeiros, como criar uma reserva de emergência ou realizar uma viagem.

Ao listar sua renda e despesas mensais, você se torna mais consciente de como está utilizando seu dinheiro e pode tomar decisões informadas para melhorar sua gestão financeira e direcionar seus recursos de forma mais eficiente.

Com base na análise de sua renda e despesas, é hora de estabelecer um orçamento. Defina limites para cada categoria de gastos e comprometa-se a não os ultrapassar. Por exemplo, determine um valor máximo para gastos com lazer e entretenimento, outro para compras supérfluas e assim por diante. O orçamento é uma ferramenta poderosa para controlar seus gastos e garantir que você esteja gastando seu dinheiro de forma alinhada com seus objetivos financeiros.

Suponhamos que você tenha uma renda mensal de R$ 5.000,00 e que esteja comprometido em melhorar sua gestão financeira, garantindo que seus gastos estejam alinhados com seus objetivos financeiros.

Com base nessa meta, você decide criar um orçamento detalhado para suas despesas, estabelecendo valores máximos em percentuais para algumas categorias específicas.
Renda mensal: R$ 5.000,00

Agora, você determina os valores máximos em percentuais para algumas categorias de gastos:

Gastos com moradia: 30% de R$ 5.000,00 = R$ 1.500,00
Gastos com alimentação: 15% de R$ 5.000,00 = R$ 750,00
Gastos com transporte: 10% de R$ 5.000,00 = R$ 500,00
Gastos com lazer e entretenimento: 5% de R$ 5.000,00 = R$ 250,00
Gastos com compras supérfluas: 5% de R$ 5.000,00 = R$ 250,00
Gastos com educação e desenvolvimento pessoal: 10% de R$ 5.000,00 = R$ 500,00
Gastos com saúde e cuidados pessoais: 10% de R$ 5.000,00 = R$ 500,00
Gastos com poupança e investimentos: 15% de R$ 5.000,00 = R$ 750,00

Com esses valores máximos estabelecidos, você sabe que, ao seguir esse orçamento, estará direcionando seus recursos de forma alinhada com seus objetivos financeiros. Por exemplo, você poderá desfrutar de lazer e entretenimento, mas sem ultrapassar o limite de R$ 250,00 mensais.

Essa abordagem permite que você tenha maior controle sobre seus gastos, evitando desperdícios e direcionando seus recursos para áreas que são prioritárias para você. Ao utilizar o orçamento como uma ferramenta poderosa, você estará mais próximo de alcançar seus objetivos financeiros e construir uma vida mais equilibrada e financeiramente saudável.

Além do orçamento mensal, é importante fazer um planejamento financeiro a longo prazo. Estabeleça metas financeiras, como poupar para a compra de um carro, uma viagem ou até mesmo para a aposentadoria. Defina prazos e montantes específicos para cada meta. Isso ajudará você a direcionar seus recursos e a tomar decisões financeiras que estejam alinhadas com seus objetivos de longo prazo.

Suponhamos que você deseje comprar um carro e fazer uma viagem em um futuro próximo, além de se preparar para a aposentadoria no longo prazo. Você decide criar metas financeiras para cada um desses objetivos, definindo prazos e montantes específicos.

Objetivo 1: Comprar um carro novo em 2 anos. Montante necessário: R$ 40.000,00

Nesse exemplo, você calculou que precisará de R$ 40.000,00 para comprar o carro dos seus sonhos em 2 anos. Para alcançar essa meta, você divide o montante necessário pelo número de meses até o prazo final.

R$ 40.000,00 / 24 meses = R$ 1.666,67

Isso significa que você precisará poupar aproximadamente R$ 1.666,67 por mês durante os próximos 2 anos para acumular o valor necessário para a compra do carro.

Objetivo 2: Fazer uma viagem internacional em 1 ano. Montante necessário: R$ 15.000,00

Nesse caso, você estabeleceu o objetivo de fazer uma viagem internacional em 1 ano, e calculou que precisará de R$ 15.000,00 para custear a viagem dos seus sonhos. Novamente, você divide o montante necessário pelo número de meses até o prazo final:
R$ 15.000,00 / 12 meses = R$ 1.250,00

Para alcançar essa meta, você precisará poupar aproximadamente R$ 1.250,00 por mês durante o próximo ano.

Objetivo 3: Acumular um montante de R$ 500.000,00 para a aposentadoria em 25 anos.

Nesse caso, você está se preparando para o longo prazo e definindo uma meta para acumular R$ 500.000,00 ao longo de 25 anos. Novamente, você divide o montante necessário pelo número de meses até o prazo final:

R$ 500.000,00 / (25 anos x 12 meses) = R$ 1.666,67.
Isso significa que você precisará poupar aproximadamente R$ 1.666,67 por mês ao longo dos próximos 25 anos para alcançar sua meta de aposentadoria.

Note que nos três objetivos apresentados não foram inseridos os juros provenientes do rendimento de uma aplicação financeira, imaginando que o cenário nos três casos apresenta horizontes distintos. Para tanto, vamos adotar um ganho de 1% ao mês, para os três objetivos supracitados e, por consequência, visualizar o poder dos juros compostos.

Objetivo 1 - Comprar um carro em 2 anos			**Objetivo 2 - Fazer uma viagem em 1 ano**			**Objetivo 3 - Acumular um montante para a aposentadoria**		
Montante	-R$	40.000,00	Montante	-R$	15.000,00	Montante	-R$	500.000,00
Prazo		24	Prazo		12	Prazo		300
Taxa de juros		1%	Taxa de juros		1%	Taxa de juros		1%
Depósito mensal		**R$1.482,94**	Depósito mensal		**R$1.182,73**	Depósito mensal		**R$266,12**
Sem investimento	R$	1.666,67	Sem investimento	R$	1.250,00	Sem investimento	R$	1.666,67

Para cálculos pormenorizados sobre o poder da capitalização composta, recomenda-se a leitura do livro **Matemágica das finanças**: o que você precisa saber antes de começar a investir, disponível na versão digital, no QR Code a seguir.

Com essas metas financeiras bem definidas, prazos estabelecidos e montantes específicos calculados, você terá um guia claro para suas ações financeiras. Ao reservar os valores mensais determinados para cada objetivo, você estará dando passos concretos em direção a uma gestão financeira mais eficiente e a realização de seus sonhos e planos futuros.

Um hábito importante para o controle das finanças pessoais é o acompanhamento regular de seus gastos e poupanças. Mantenha um registro detalhado de todas as suas despesas e ganhos. Isso pode ser feito por meio de aplicativos financeiros, planilhas ou até mesmo anotações em um caderno.

Existem diversos aplicativos disponíveis para smartphones que facilitam o controle financeiro. Alguns exemplos populares incluem "Organizze", "Guiabolso", "Mobills" e "Toshl Finance".

Esses aplicativos permitem que você registre suas despesas e ganhos de forma rápida e prática, categorizando cada transação para uma análise mais detalhada. Além disso, eles geralmente oferecem recursos como gráficos e relatórios para ajudar a visualizar seus hábitos de consumo e economias.

Utilizar planilhas em programas como o Microsoft Excel ou o Google Sheets é outra opção viável. Você pode criar sua própria planilha ou encontrar modelos prontos na internet. Essas planilhas permitem que você personalize as categorias de despesas e ganhos de acordo com suas necessidades e preferências.

Registrar seus gastos e rendimentos em uma planilha permite uma análise mais minuciosa, com a possibilidade de criar gráficos para acompanhar a evolução financeira ao longo do tempo.

Para quem prefere o método mais tradicional, fazer anotações detalhadas em um caderno também é uma alternativa. Nesse caso, é importante manter uma organização clara das entradas e saídas de dinheiro, além de categorizá-las para facilitar a compreensão. Embora esse método exija um pouco mais de esforço manual, pode ser uma escolha útil para quem deseja maior controle sem o uso de tecnologia.

Independentemente do método escolhido, o importante é manter a disciplina para registrar todas as despesas e ganhos de forma consistente. Isso permitirá que você tenha uma visão completa e detalhada de sua situação financeira, identificando áreas onde é possível economizar, ajustar gastos ou até mesmo aumentar suas receitas. O registro detalhado é uma ferramenta poderosa para ajudar no planejamento financeiro e na tomada de decisões mais conscientes e informadas sobre suas finanças.

O importante é ter uma visão clara de como seu dinheiro está sendo utilizado e identificar padrões de comportamento que possam ser ajustados para uma melhor gestão financeira.

A educação financeira é uma busca constante e é essencial para o desenvolvimento de habilidades financeiras saudáveis. Leia livros sobre o assunto, acompanhe *blogs* e canais especializados em finanças pessoais e participe de cursos ou *workshops*.

Alguns exemplos de livros populares nessa área incluem **Pai Rico, Pai Pobre** de Robert T. Kiyosaki, **Os Segredos da Mente Milionária** de T. Harv Eker e **O Homem Mais Rico da Babilônia** de George S. Clason. Essas obras oferecem *insights* valiosos sobre como gerenciar o dinheiro, investir e construir uma base financeira sólida.

Existem diversos *blogs* e *sites* especializados em finanças pessoais que disponibilizam conteúdos relevantes e atualizados regularmente. Alguns deles são escritos por especialistas financeiros e outros por pessoas que compartilham suas experiências e aprendizados. Ao acompanhar esses *blogs*, você terá acesso a dicas práticas, estratégias de investimento e conselhos para melhorar sua situação financeira.

Há uma grande variedade de canais no YouTube e podcasts dedicados a finanças pessoais, que oferecem conteúdo em formato de vídeos e áudios. Você pode encontrar desde dicas básicas para o controle de gastos até análises aprofundadas sobre investimentos.

Participar de cursos e *workshops* presenciais ou *online* sobre finanças pessoais é uma excelente maneira de adquirir conhecimento mais estruturado e interagir com outros participantes interessados no assunto. Muitas instituições financeiras, empresas ou especialistas oferecem esses tipos de eventos, cobrindo temas como planejamento financeiro, investimentos e gestão de dívidas.

Quanto mais conhecimento você adquirir, mais preparado estará para tomar decisões financeiras acertadas.

Conhecer e controlar suas finanças pessoais é um passo fundamental para conquistar uma vida financeira saudável. Ao ter uma visão clara de sua renda, despesas e objetivos financeiros, você estará no caminho certo para tomar decisões conscientes e alcançar a estabilidade financeira. Comece aplicando essas dicas práticas em seu dia a dia e observe as transformações positivas em suas finanças. Lembre-se de que a educação financeira é um processo contínuo, então continue buscando conhecimento e aprimorando suas habilidades financeiras ao longo do tempo.

1.2 Os benefícios de uma vida financeira saudável

Uma vida financeira saudável traz consigo a tranquilidade de saber que suas contas estão em dia, suas dívidas estão sob controle e que você tem uma reserva de emergência para lidar com imprevistos. Essa sensação de segurança financeira proporciona paz de espírito, reduzindo o estresse e a ansiedade relacionados com questões financeiras.

Ao ter controle sobre suas finanças, você ganha a liberdade de fazer escolhas alinhadas com seus objetivos de vida. Você pode escolher investir em educação, viajar, empreender ou qualquer outro projeto que seja importante para você. Ter uma vida financeira saudável significa não ser refém de dívidas ou de limitações financeiras, permitindo que você tenha o poder de tomar decisões que realmente importam.

Uma vida financeira saudável é um caminho para a realização de sonhos. Ao ter uma gestão adequada do dinheiro, você pode poupar e investir para alcançar seus objetivos de longo prazo, como comprar uma casa, abrir seu próprio negócio, fazer uma viagem dos sonhos ou garantir uma aposentadoria tranquila. Com uma vida financeira equilibrada, seus sonhos deixam de ser apenas desejos distantes e se tornam metas alcançáveis.

Uma vida financeira saudável também abre caminho para a construção de patrimônio. Com um planejamento financeiro sólido, você pode direcionar seus recursos para investimentos que gerem retorno no longo prazo. Seja através de investimentos em imóveis, negócios, ações ou outros ativos, você pode aumentar seu patrimônio ao longo do tempo e garantir uma situação financeira mais próspera no futuro.

Os benefícios vão muito além da simples questão monetária. Eles se estendem para todos os aspectos de sua vida, trazendo tranquilidade, liberdade, realização de sonhos, redução de dívidas e a construção de um patrimônio sólido. Ao buscar conhecimento e aplicar princípios de educação financeira em seu dia a dia, você trilhará um caminho que leva a uma vida mais equilibrada e próspera. Portanto, invista em sua educação financeira e colha os frutos de uma vida financeira saudável.

1.3 Os perigos do endividamento e da falta de planejamento financeiro

O endividamento excessivo e a falta de planejamento financeiro podem trazer uma série de consequências negativas para a vida financeira de uma pessoa. É importante compreender os perigos envolvidos nessas situações para evitar cair nessas armadilhas financeiras. Vamos explorar alguns desses perigos:

Dificuldade em pagar as contas: Quando nos endividamos além de nossa capacidade de pagamento, corremos o risco de não conseguir honrar nossas obrigações financeiras. As dívidas se acumulam, gerando atrasos nos pagamentos, multas e juros, o que aumenta ainda mais o valor total a ser pago. Essa situação pode levar ao ciclo vicioso do endividamento, tornando cada vez mais difícil sair dessa situação;

Risco de inadimplência: A falta de planejamento financeiro e o endividamento excessivo podem levar à inadimplência, ou seja, à incapacidade de pagar as dívidas no prazo estipulado. Isso acarreta uma série de consequências negativas, como restrições de crédito, dificuldade em obter empréstimos futuros, juros e taxas mais altas, além do impacto negativo em nossa reputação financeira;

Perda de oportunidades: Quando estamos endividados ou não temos um planejamento financeiro adequado, podemos perder oportunidades de investimento ou de conquistar nossos objetivos financeiros. A falta de recursos disponíveis impede que aproveitemos oportunidades de negócios, investimentos rentáveis ou até mesmo a possibilidade de adquirir bens ou serviços que sejam importantes para nós;

Estresse e impacto na saúde emocional: A falta de controle financeiro e o peso do endividamento podem gerar um grande estresse emocional. As preocupações constantes com as contas, dívidas e falta de recursos podem afetar nossa saúde mental e emocional, causando ansiedade, insônia e outros problemas relacionados com o estresse crônico. Além disso, questões financeiras mal resolvidas podem gerar conflitos familiares e impactar relacionamentos pessoais;

Limitações no crescimento pessoal e profissional: A falta de planejamento financeiro e o endividamento excessivo podem criar barreiras para o crescimento pessoal e profissional. Por exemplo, quando estamos sobrecarregados com dívidas e não temos recursos disponíveis, podemos deixar de investir em nossa educação, desenvolvimento de habilidades ou empreendedorismo. Isso pode limitar nossas oportunidades de carreira e crescimento financeiro a longo prazo.

Os perigos do endividamento e da falta de planejamento financeiro são reais e podem ter consequências duradouras em nossa vida financeira e emocional. É essencial buscar conhecimento sobre educação financeira, aprender a administrar nossas finanças de forma consciente e criar um planejamento financeiro sólido. Assim, podemos evitar os riscos do endividamento excessivo, conquistar a estabilidade financeira e desfrutar de uma vida mais tranquila e próspera. Lembre-se de que é possível inverter situações de endividamento, mas a prevenção é sempre a melhor abordagem. Portanto, invista em seu planejamento financeiro e evite os perigos que podem comprometer seu bem-estar financeiro a longo prazo.

Neste capítulo, exploramos a importância da educação financeira em nossas vidas. Vimos como é essencial conhecer nossa realidade financeira, estabelecer metas, controlar gastos, lidar com dívidas de forma consciente e criar uma reserva de emergência. Essas são apenas algumas das bases fundamentais da educação financeira, que nos permitem ter controle e liberdade em nossas finanças. No próximo capítulo, vamos nos aprofundar na construção de um orçamento pessoal, uma ferramenta poderosa para gerenciar nossas receitas e despesas. Continue nessa jornada de aprendizado e transformação financeira.

Quando você tem o controle de suas finanças, é mais fácil evitar o endividamento excessivo e, consequentemente, os juros altos que acompanham as dívidas. Uma vida financeira saudável permite que você pague suas contas em dia, evite atrasos e inadimplências, além de ter uma visão clara das melhores estratégias para pagar dívidas existentes. Isso resulta em economia de dinheiro a longo prazo e maior tranquilidade financeira.

Capítulo 2: Montando seu Orçamento Pessoal

Neste capítulo, vamos explorar a importância de montar um orçamento pessoal e como essa ferramenta pode ajudá-lo a ter um controle maior sobre suas finanças. Vamos aprender passo a passo como criar um orçamento adequado à sua realidade e como identificar suas receitas e despesas. Além disso, forneceremos dicas práticas para controlar e reduzir gastos supérfluos. Prepare-se para ter uma visão clara de suas finanças e começar a tomar decisões mais conscientes sobre o seu dinheiro.

O primeiro passo para montar seu orçamento pessoal é identificar todas as suas fontes de renda. Liste todas as suas entradas de dinheiro, como salário, rendimentos de investimentos, aluguéis, entre outros. Tenha em mente que é importante considerar a renda líquida, ou seja, o valor que realmente entra em sua conta após os descontos.

Em seguida, é hora de listar suas despesas fixas. Essas são as despesas que ocorrem mensalmente e têm um valor estável. Exemplos de despesas fixas incluem moradia (aluguel ou prestação da casa própria), contas de água, energia elétrica, internet, telefone, transporte, alimentação, entre outras. Anote o valor de cada uma delas.

Além das despesas fixas, é importante também identificar as despesas variáveis. Essas são as despesas que podem variar de um mês para o outro, como lazer, entretenimento, compras pessoais e outras atividades não essenciais. É comum que essas despesas sejam mais difíceis de controlar, por isso é importante analisar os seus hábitos de consumo e identificar onde é possível fazer ajustes.

Com todas as suas receitas e despesas identificadas, é hora de estabelecer limites para cada categoria de gastos. Defina um valor máximo para as despesas fixas, garantindo que elas não ultrapassem uma porcentagem significativa de sua renda. Em relação às despesas variáveis, estabeleça um valor mensal que esteja de acordo com suas metas financeiras e objetivos de economia.

Para manter um orçamento equilibrado, é importante identificar e reduzir gastos supérfluos. Analise suas despesas variáveis e identifique onde você pode fazer cortes. Pode ser reduzir a frequência de idas a restaurantes, diminuir gastos com entretenimento, ou até mesmo trocar marcas mais caras por opções mais acessíveis. Pequenas mudanças nos hábitos de consumo podem fazer uma grande diferença em seu orçamento.

Um orçamento não serve apenas para ser criado, mas também para ser acompanhado. Mantenha um registro de todas as suas receitas e despesas, anotando cada transação realizada. Existem aplicativos financeiros e planilhas que podem ajudar nesse controle. Acompanhar seu orçamento regularmente permitirá que você identifique eventuais desvios e faça ajustes quando necessário.

2.1 Aprenda a criar um orçamento adequado à sua realidade

Criar um orçamento adequado à sua realidade é o primeiro passo para ter controle sobre suas finanças. Cada pessoa possui uma situação financeira única, e é importante adaptar o orçamento de acordo com suas necessidades e metas. Vamos explorar algumas dicas práticas para ajudá-lo(a) a criar um orçamento que seja adequado à sua realidade financeira.

Comece analisando suas receitas e despesas atuais. Liste todas as suas fontes de renda e anote os valores líquidos que você recebe mensalmente. Em seguida, identifique todas as suas despesas fixas, como moradia, contas de água, luz, internet, transporte, alimentação, entre outros. Anote também suas despesas variáveis, como lazer, entretenimento, compras pessoais. É importante ter uma visão clara de todas as suas entradas e saídas de dinheiro.

Após analisar suas despesas, é hora de priorizar seus gastos. Identifique quais são os gastos essenciais, ou seja, aqueles necessários para sua subsistência e bem-estar básico. Isso inclui moradia, alimentação, transporte e contas de serviços básicos. Reserve uma parcela significativa de sua renda para essas despesas prioritárias.

Defina metas financeiras para orientar seu orçamento. Pergunte a si mesmo(a): quais são seus objetivos financeiros de curto, médio e longo prazo? É economizar para uma viagem, quitar dívidas, investir em um negócio próprio ou garantir sua aposentadoria? Estabelecer metas financeiras ajuda a direcionar seus recursos e a tomar decisões conscientes sobre seus gastos.

Organize suas despesas em categorias. Por exemplo, crie categorias como moradia, transporte, alimentação, educação, saúde, lazer, entre outras, de acordo com suas necessidades. Isso facilitará o acompanhamento e a análise de seus gastos ao longo do tempo.

Defina limites de gastos para cada categoria. Determine quanto você pode gastar em moradia, transporte, alimentação e outras áreas importantes. Esses limites devem ser realistas e estar alinhados com sua renda mensal. Lembre-se de ser flexível e ajustar esses limites à medida que suas circunstâncias mudarem.

Acompanhe regularmente seu orçamento e faça ajustes sempre que necessário. Registre todas as suas receitas e despesas, atualizando seu orçamento mensalmente. Isso permitirá que você tenha uma visão clara de onde seu dinheiro está sendo direcionado e onde é possível fazer ajustes para atingir suas metas financeiras.

Mantenha uma reserva de emergência para lidar com imprevistos financeiros. Ter uma quantia reservada para situações inesperadas, como uma emergência médica ou a perda de um emprego, é essencial para manter a estabilidade financeira e evitar que você recorra a dívidas em momentos de crise.

Criar um orçamento adequado à sua realidade financeira é um passo fundamental para ter controle sobre suas finanças. Ao analisar suas receitas, priorizar seus gastos, estabelecer metas financeiras e criar categorias de gastos, você estará no caminho para uma gestão financeira mais saudável. Lembre-se de acompanhar e ajustar seu orçamento regularmente, além de estar preparado(a) para imprevistos. Com o tempo, você desenvolverá habilidades financeiras sólidas e poderá tomar decisões conscientes e informadas sobre o seu dinheiro.

2.2 Identifique suas receitas e despesas

Identificar suas receitas e despesas é um passo essencial para ter uma visão clara de sua situação financeira. Ao entender de onde vem seu dinheiro e como ele está sendo gasto, você poderá tomar decisões mais conscientes e efetivas sobre suas finanças. Vamos explorar algumas estratégias para identificar suas receitas e despesas.

Comece listando todas as suas fontes de renda. Isso inclui seu salário, rendimentos de investimentos, aluguéis, trabalhos freelances ou qualquer outra forma de ganho financeiro. Anote o valor líquido que você recebe de cada fonte. É importante considerar apenas a quantia que realmente entra em sua conta após os descontos.

Em seguida, registre todas as suas despesas fixas. Essas são as despesas que ocorrem regularmente e têm um valor estável. Inclua itens como aluguel, hipoteca, contas de água, luz, internet, telefone, transporte, alimentação, educação, seguros, entre outros. Anote o valor exato de cada uma dessas despesas.

Além das despesas fixas, é importante identificar suas despesas variáveis. Essas são as despesas que podem variar de um mês para o outro. Elas incluem gastos com lazer, entretenimento, viagens, compras pessoais, jantares fora de casa, entre outros. Essas despesas podem ser mais difíceis de acompanhar, mas é fundamental ter uma noção de quanto você está gastando nessas áreas.

Para facilitar a identificação de suas receitas e despesas, você pode utilizar ferramentas de controle financeiro, como planilhas ou aplicativos específicos. Essas ferramentas permitem que você registre suas transações e categorize suas receitas e despesas de forma organizada. Dessa forma, você poderá ter uma visão geral de como seu dinheiro está sendo utilizado.

Revise seus extratos bancários e faturas de cartão de crédito para identificar as transações realizadas e as despesas efetuadas. Isso ajudará a lembrar de gastos que possam ter passado despercebidos e a ter uma visão mais precisa de seus hábitos de consumo.

Faça revisões periódicas de suas receitas e despesas. Essa prática ajudará a manter seus registros atualizados e a identificar possíveis desvios em seu orçamento. Periodicamente, analise suas fontes de renda e despesas e faça ajustes conforme necessário.

Identificar suas receitas e despesas é fundamental para ter uma visão clara de sua situação financeira. Ao listar suas fontes de renda, registrar suas despesas fixas, identificar as despesas variáveis e utilizar ferramentas de controle financeiro, você estará mais preparado(a) para tomar decisões informadas sobre suas finanças. Lembre-se de fazer revisões periódicas para manter seus registros atualizados e ajustar seu orçamento conforme necessário.

2.3 Dicas para controlar e reduzir gastos supérfluos

Controlar e reduzir gastos supérfluos é uma estratégia eficaz para economizar dinheiro e ter uma vida financeira mais equilibrada. Pequenas mudanças nos hábitos de consumo podem fazer uma grande diferença ao final do mês. Vamos explorar algumas dicas práticas para ajudar você a controlar e reduzir gastos supérfluos:

Comece fazendo um registro de todos os seus gastos. Anote todas as transações realizadas, seja em dinheiro, cartão de débito, cartão de crédito ou qualquer outra forma de pagamento. Manter um registro detalhado ajudará a identificar onde seu dinheiro está sendo direcionado e onde é possível fazer ajustes.

Ao revisar seus registros, identifique os gastos que são considerados supérfluos, ou seja, aqueles que não são essenciais para sua subsistência ou para a realização de suas metas financeiras. Isso inclui compras impulsivas, refeições fora de casa com frequência, assinaturas de serviços que você não utiliza com frequência, entre outros.

Estabeleça um limite mensal para seus gastos supérfluos. Determine uma quantia que esteja de acordo com suas metas financeiras e seja realista em relação à sua renda. Ter um limite definido ajudará a controlar impulsos de compra e a fazer escolhas mais conscientes sobre onde gastar seu dinheiro.

Ao se deparar com uma compra impulsiva, adote a regra do 24 horas. Espere pelo menos 24 horas antes de efetuar a compra. Isso ajudará a evitar compras por impulso e permitirá que você reflita sobre a real necessidade do item em questão. Muitas vezes, após esse período, você perceberá que não precisa realmente daquele item ou que pode encontrar uma alternativa mais econômica.

Antes de ir às compras, faça uma lista do que você realmente precisa e planeje suas refeições. Ter uma lista ajudará a evitar compras por impulso e a concentrar-se apenas nos itens essenciais. Além disso, planejar suas refeições permitirá que você compre apenas os ingredientes necessários, evitando desperdícios e gastos desnecessários.

Revise suas assinaturas e serviços mensais. Avalie se você realmente utiliza e se beneficia de todos eles. Caso contrário, cancele ou renegocie assinaturas e serviços que não são essenciais ou que você não utiliza com frequência. Essa prática pode resultar em economias significativas ao longo do tempo.

Ao identificar gastos supérfluos, busque alternativas mais econômicas. Por exemplo, em vez de jantar fora, considere cozinhar em casa ou fazer um piquenique. Em vez de comprar itens novos, explore opções de segunda mão em brechós ou *sites* de compra e venda. Pequenas trocas e substituições podem resultar em economias consideráveis ao final do mês.

Controlar e reduzir gastos supérfluos são estratégias poderosas para economizar dinheiro e ter uma vida financeira mais equilibrada. Ao fazer um registro de seus gastos, identificar gastos supérfluos, estabelecer limites, adotar a regra do 24 horas, fazer uma lista de compras, avaliar assinaturas e buscar alternativas mais econômicas, você estará no caminho certo para tomar decisões mais conscientes sobre seu dinheiro. Lembre-se de que pequenas mudanças nos hábitos de consumo podem ter um impacto significativo a longo prazo.

2.4 Estabelecendo metas financeiras realistas

Ao definir metas claras e alcançáveis, você terá uma direção clara para o seu planejamento financeiro. Vamos explorar algumas dicas para estabelecer metas financeiras realistas.

Comece identificando quais são seus objetivos financeiros. Eles podem ser de curto prazo, como pagar uma dívida, fazer uma viagem ou comprar um item específico. Também podem ser metas de médio e longo prazo, como poupar para a aposentadoria, adquirir um imóvel ou ter um fundo de emergência. Liste todos os seus objetivos financeiros para ter uma visão clara do que você deseja alcançar.

Ao estabelecer suas metas financeiras, seja específico e mensurável. Em vez de dizer "quero economizar mais dinheiro", defina uma quantia específica que você deseja economizar em um determinado período.

Por exemplo, "quero economizar R$ 10.000 nos próximos 12 meses". Isso tornará suas metas mais tangíveis e permitirá que você acompanhe seu progresso.

Ao estabelecer metas financeiras, defina prazos realistas. Considere seu fluxo de caixa, suas despesas atuais e sua capacidade de economizar ou investir. Leve em conta fatores como sua renda, gastos fixos e variáveis, e qualquer outra obrigação financeira que você tenha. Estabelecer prazos realistas ajudará a manter a motivação e a garantir que suas metas sejam alcançáveis.

Grandes metas financeiras podem parecer desafiadoras e difíceis de alcançar. Para torná-las mais alcançáveis, divida-as em etapas menores e mais gerenciáveis. Por exemplo, se sua meta é economizar R$ 10.000 em um ano, estabeleça uma meta mensal de economizar cerca de R$ 830. Isso tornará o processo mais viável e permitirá que você acompanhe seu progresso de forma mais consistente.

Esteja aberto(a) a ajustar suas metas conforme necessário. À medida que sua situação financeira evolui e suas circunstâncias mudam, é possível que seja necessário revisar suas metas. Pode ser necessário ajustar prazos, quantias ou até mesmo adicionar novas metas financeiras. Esteja sempre avaliando e adaptando suas metas para garantir que elas estejam alinhadas com sua realidade e necessidades.

Acompanhe seu progresso em relação às suas metas financeiras. Registre seus avanços e celebre as conquistas alcançadas. Isso ajudará a manter a motivação e o comprometimento com suas metas. Acompanhar seu progresso também permitirá que você identifique áreas que precisam ser ajustadas ou melhoradas ao longo do caminho.

Estabelecer metas financeiras realistas é essencial para guiar suas decisões financeiras e alcançar uma vida financeira saudável. Ao identificar seus objetivos financeiros, ser específico, definir prazos realistas, dividir metas em etapas menores, ajustar conforme necessário e acompanhar seu progresso, você estará no caminho certo para alcançar suas metas financeiras.

Lembre-se de que a definição de metas é um processo contínuo e que suas prioridades e circunstâncias podem mudar ao longo do tempo. Reavalie suas metas regularmente e faça os ajustes necessários para garantir que estejam alinhadas com suas aspirações e necessidades financeiras.

Montar um orçamento pessoal é uma etapa fundamental para ter controle sobre suas finanças. Ao identificar suas receitas, listar suas despesas fixas, identificar as despesas variáveis, estabelecer limites e reduzir gastos supérfluos, você estará no caminho para uma gestão financeira mais saudável. Lembre-se de que um orçamento é uma ferramenta flexível e pode ser ajustado ao longo do tempo, à medida que suas circunstâncias e metas financeiras mudam.

Acompanhe seu orçamento regularmente e faça os ajustes necessários para garantir que suas finanças estejam alinhadas com seus objetivos e necessidades. No próximo capítulo, iremos explorar maneiras de economizar no dia a dia, trazendo dicas práticas para reduzir gastos com supermercado, energia elétrica, transporte e lazer.

Capítulo 3: Economizando no Dia a Dia

No dia a dia, existem diversas oportunidades de economizar dinheiro e reduzir gastos desnecessários. Neste capítulo, vamos explorar dicas práticas para economizar em áreas-chave, como supermercado, energia elétrica, transporte e lazer. Aprenderemos estratégias simples, porém eficazes, que podem fazer uma grande diferença no seu orçamento. Prepare-se para descobrir como economizar sem renunciar à qualidade de vida.

Antes de ir ao supermercado, faça uma lista com os itens essenciais que você precisa. Isso evitará compras por impulso e ajudará a manter o foco nos itens realmente necessários.

Compare os preços dos produtos em diferentes supermercados ou lojas. Muitas vezes, pequenas diferenças de preço podem representar grandes economias ao longo do tempo.

Esteja atento(a) a promoções e utilize cupons de desconto. Verifique folhetos e aplicativos de supermercados para aproveitar ofertas e economizar em suas compras.

Desligue completamente os aparelhos eletrônicos quando não estiverem sendo utilizados. O *standby* consome energia desnecessária.

Substitua as lâmpadas convencionais por lâmpadas de LED, que são mais eficientes e consomem menos energia.

Mantenha cortinas e janelas abertas durante o dia para aproveitar a luz natural e reduzir a necessidade de iluminação artificial.

Considere utilizar o transporte público sempre que possível. É uma opção mais econômica do que o uso de veículo próprio, além de contribuir para a redução do trânsito e da emissão de gases poluentes.

Combine caronas com colegas de trabalho ou amigos que tenham trajetos semelhantes. Além de economizar no combustível, você contribuirá para a redução do número de veículos nas ruas.

Procure por opções de lazer gratuitas ou de baixo custo em sua comunidade. Pode ser um parque, um evento cultural, uma exposição ou até mesmo atividades ao ar livre.

Em vez de gastar dinheiro em bens materiais, priorize experiências. Faça passeios, viagens, encontros com amigos ou atividades que proporcionem momentos significativos sem comprometer seu orçamento.

Antes de realizar uma compra por impulso, estabeleça um período de reflexão. Dê a si mesmo(a) algum tempo para pensar sobre a real necessidade do item e se ele está de acordo com suas metas financeiras.

Ao fazer compras, avalie o custo-benefício do produto. Pergunte-se se ele realmente agregará valor à sua vida e se o preço é justificável.

3.1 Como economizar nas compras do supermercado

Fazer compras no supermercado é uma atividade essencial, mas também pode representar uma parte significativa do nosso orçamento. Felizmente, existem estratégias eficazes para economizar dinheiro e otimizar suas compras. Vamos explorar algumas dicas para economizar nas compras do supermercado.

Antes de ir ao supermercado, faça uma lista de compras detalhada. Anote todos os itens que você realmente precisa, levando em consideração suas refeições planejadas e necessidades domésticas. Seguir uma lista ajudará a evitar compras por impulso e a se concentrar nos itens essenciais.

Planejar suas refeições é uma estratégia eficaz para economizar no supermercado. Determine antecipadamente quais pratos você vai preparar ao longo da semana e quais ingredientes serão necessários. Isso evita compras desnecessárias e reduz o desperdício de alimentos.

Antes de comprar, compare os preços dos produtos em diferentes marcas e supermercados. Preste atenção a promoções, descontos e ofertas especiais. Às vezes, pequenas diferenças de preço podem resultar em grandes economias ao longo do tempo. Considere também a relação custo-benefício dos produtos, levando em conta a qualidade e a durabilidade.

Esteja atento(a) a promoções e utilize cupons de desconto. Verifique os encartes de ofertas e os aplicativos dos supermercados para aproveitar descontos em produtos do seu interesse. Além disso, cadastre-se em programas de fidelidade para acumular pontos e obter benefícios adicionais.

Ir ao supermercado com fome pode levar a compras impulsivas e desnecessárias. Certifique-se de fazer suas compras após uma refeição para evitar ceder a tentações e comprar itens que não estão na sua lista.

Produtos da época costumam ter preços mais acessíveis, pois há maior oferta no mercado. Além disso, considere optar por marcas próprias (ou marcas do supermercado), que costumam ser mais econômicas em comparação às marcas conhecidas.

Ao comprar produtos não perecíveis, como grãos, arroz, macarrão, sabão em pó e produtos de limpeza, prefira comprar a granel ou em embalagens maiores. Geralmente, essas opções são mais econômicas por unidade de medida.

Reduza o desperdício de alimentos planejando suas refeições e armazenando corretamente os produtos perecíveis. Aproveite restos de refeições para fazer novos pratos ou congelar para consumo posterior. Comprar apenas o necessário e utilizar os alimentos de maneira inteligente ajudará a economizar e reduzir o desperdício.

Esteja aberto(a) a experimentar marcas e produtos alternativos. Muitas vezes, marcas menos conhecidas ou produtos genéricos oferecem a mesma qualidade por um preço mais acessível.

Faça testes e descubra opções que atendam às suas necessidades e sejam mais econômicas.

Economizar nas compras do supermercado é uma forma eficaz de controlar seus gastos e otimizar seu orçamento. Ao fazer uma lista de compras, planejar suas refeições, comparar preços, aproveitar promoções, evitar compras com fome, optar por produtos da época, marcas próprias, embalagens maiores, reduzir desperdícios e ser flexível com marcas e produtos, você estará no caminho certo para economizar dinheiro nas suas idas ao supermercado. Lembre-se de que pequenas economias podem se acumular ao longo do tempo e fazer uma grande diferença em seu orçamento.

3.2 Dicas para economizar energia elétrica e água

Economizar energia elétrica e água não só contribui para a preservação dos recursos naturais, mas também pode gerar economia em sua conta no final do mês. Pequenas mudanças nos hábitos diários podem fazer uma grande diferença.

Substitua as lâmpadas incandescentes por lâmpadas de LED, que consomem menos energia e têm maior durabilidade.

Desligue completamente os aparelhos eletrônicos quando não estiverem em uso, pois eles continuam consumindo energia mesmo em modo de espera (*standby*).

Mantenha as cortinas e persianas abertas durante o dia para aproveitar a luz natural e reduzir a necessidade de iluminação artificial.

Desenvolva o hábito de desligar as luzes ao sair de um cômodo, mesmo que seja por um curto período.

Opte por eletrodomésticos com selo de eficiência energética, que consomem menos energia. Ao adquirir um novo eletrodoméstico, verifique sua classificação energética.

Ao abrir a geladeira, o ar frio escapa e o aparelho precisa trabalhar mais para voltar à temperatura ideal. Planeje o que você precisa antes de abrir a porta.

O acúmulo de gelo nas paredes internas da geladeira aumenta o consumo de energia. Descongele o aparelho regularmente para mantê-lo eficiente.

Verifique e conserte imediatamente qualquer vazamento de torneiras, chuveiros ou sanitários. Um pequeno vazamento pode desperdiçar uma quantidade significativa de água ao longo do tempo.

Diminua o tempo do banho e desligue o chuveiro enquanto ensaboa o corpo. Essa prática economiza água e energia.

Acione a descarga apenas o necessário e verifique se não há vazamentos no sistema.

Utilize a água da chuva para regar as plantas e evite lavar calçadas ou carros com água potável.
Instale redutores de vazão em torneiras e chuveiros para reduzir o consumo de água sem comprometer o conforto.

Utilize a máquina de lavar roupas e louças com a capacidade máxima para otimizar o uso de água.

Regue as plantas no início da manhã ou no final da tarde para evitar a evaporação rápida da água devido ao calor.

Adotar práticas para economizar energia elétrica e água em casa é benéfico tanto para o meio ambiente quanto para seu bolso. Ao utilizar lâmpadas de LED, desligar aparelhos em *standby*, aproveitar a luz natural, consertar vazamentos, reduzir o tempo do banho, utilizar a descarga de forma consciente, reaproveitar água, instalar dispositivos economizadores e otimizar o uso de máquinas de lavar, você estará contribuindo para a preservação dos recursos naturais e reduzindo suas despesas com energia e água. Lembre-se de que pequenas mudanças diárias podem fazer uma grande diferença a longo prazo.

3.3 Opções de transporte mais econômicas

O transporte é uma parte essencial da nossa rotina diária, mas também pode representar uma parcela significativa dos nossos gastos.

Utilizar o transporte público é uma opção econômica e sustentável. Verifique quais são as opções disponíveis em sua cidade, como ônibus, metrô, trem ou bicicleta compartilhada. Ao utilizar o transporte público, você economiza em combustível, estacionamento e manutenção do veículo.

Compartilhar caronas com colegas de trabalho, amigos ou vizinhos que tenham trajetos semelhantes é uma alternativa econômica e amigável ao meio ambiente. Além de economizar dinheiro em combustível, você reduz o número de carros nas ruas, contribuindo para a redução do tráfego e da emissão de gases poluentes.

Se você mora perto do seu destino, considere caminhar ou utilizar a bicicleta como meio de transporte. Além de serem opções econômicas, são formas saudáveis e sustentáveis de se locomover. Verifique se existem ciclovias ou calçadas adequadas para garantir sua segurança.

Serviços de compartilhamento de veículos, como *carsharing* e *bikesharing*, estão se tornando cada vez mais populares. Eles oferecem a conveniência de utilizar um veículo apenas quando necessário, sem a necessidade de possuir um carro próprio. Avalie se esses serviços são uma opção viável para as suas necessidades de transporte.

Ao planejar suas rotas e viagens, leve em consideração a eficiência e os custos do transporte. Planeje antecipadamente para evitar trajetos mais longos ou congestionamentos, que podem aumentar o consumo de combustível e os custos. Utilize aplicativos de trânsito em tempo real para obter informações atualizadas sobre o tráfego e as melhores rotas.

Se você possui um veículo próprio, certifique-se de realizar a manutenção adequada para garantir o bom desempenho e a eficiência do combustível. Mantenha os pneus calibrados, faça revisões periódicas e siga as recomendações do fabricante para economizar combustível e evitar despesas desnecessárias com reparos.

Ao considerar ter um veículo próprio, leve em consideração o custo-benefício. Considere os gastos com combustível, seguro, manutenção, impostos e estacionamento. Compare esses custos com as opções de transporte alternativas e verifique qual é a opção mais econômica para você.

Ao explorar opções de transporte mais econômicas, você pode reduzir seus gastos e economizar dinheiro. Utilizar o transporte público, compartilhar caronas, caminhar, usar a bicicleta, aproveitar o compartilhamento de veículos, planejar suas rotas e realizar a manutenção adequada do veículo são estratégias que podem fazer uma grande diferença em seu orçamento. Avalie suas necessidades de transporte e escolha a opção que melhor se adequa à sua situação financeira. Lembre-se de que pequenas economias em transporte podem se acumular ao longo do tempo.

3.4 Alternativas para reduzir os gastos com lazer e entretenimento

O lazer e o entretenimento são parte importante da nossa qualidade de vida, mas também podem representar uma parcela significativa dos nossos gastos. Felizmente, existem alternativas para reduzir os gastos nessa área, permitindo aproveitar momentos de diversão sem comprometer o orçamento.

Pesquise e explore opções de lazer gratuitas ou de baixo custo em sua comunidade. Muitas cidades oferecem eventos culturais, exposições, *shows* ao ar livre, caminhadas em parques, praias e trilhas, entre outras atividades que podem ser aproveitadas sem gastar muito dinheiro. Verifique a agenda de eventos locais e aproveite as opções disponíveis.

As bibliotecas públicas e espaços culturais muitas vezes oferecem acesso gratuito a livros, revistas, filmes, músicas e exposições. Aproveite esses recursos para obter entretenimento de qualidade sem gastar dinheiro. Além disso, verifique se há descontos ou programas especiais para frequentar teatros, museus e cinemas.

Planeje atividades de lazer em grupo, dividindo os custos entre os participantes. Isso pode incluir organizar um piquenique, um jogo de futebol com amigos, uma sessão de cinema em casa com amigos trazendo petiscos, ou até mesmo realizar um evento temático onde cada participante contribui com um prato.

Aproveite as belezas naturais ao seu redor. Faça caminhadas, trilhas, piqueniques ou passeios de bicicleta em parques, praias, montanhas ou outras áreas naturais. Desfrutar da natureza é uma forma econômica e revigorante de lazer.

Considere assinar serviços de *streaming* de filmes, séries e música em vez de gastar dinheiro com ingressos para cinema, *shows* ou eventos. Além disso, aproveite programas de fidelidade que oferecem benefícios e descontos exclusivos em ingressos para entretenimento.

Crie momentos de lazer e entretenimento em casa. Organize noites de jogos de tabuleiro, maratona de filmes, cozinhe em conjunto com a família ou amigos, aprenda novas receitas, pratique exercícios em casa seguindo tutoriais *online*, ou até mesmo faça um projeto DIY (Faça Você Mesmo) para se divertir e aprender algo novo.

Esteja sempre atento a promoções e descontos em eventos, cinemas, teatros e outras atividades de lazer. Assine boletins informativos, acompanhe as redes sociais dos estabelecimentos e verifique *sites* de cupons e ofertas para obter os melhores preços e descontos.

Reduzir os gastos com lazer e entretenimento não significa abrir mão de momentos divertidos e relaxantes. Ao explorar opções gratuitas ou de baixo custo, utilizar bibliotecas e espaços culturais, planejar atividades em grupo, explorar a natureza, aproveitar plataformas de *streaming*, fazer experiências em casa e estar atento a promoções e descontos, você pode desfrutar de momentos de lazer sem comprometer seu orçamento. Lembre-se de que o lazer é importante, mas é possível encontrar alternativas econômicas que proporcionem diversão e satisfação.

Economizar no dia a dia não significa renunciar a coisas que você valoriza. Com pequenas mudanças de hábitos e a adoção de estratégias simples, é possível economizar dinheiro em áreas como supermercado, energia elétrica, transporte e lazer. Ao fazer uma lista de compras, aproveitar promoções, economizar energia, utilizar transporte público, buscar opções de lazer mais econômicas e evitar compras por impulso, você estará no caminho certo para alcançar uma vida financeira mais equilibrada. Lembre-se de que cada pequena economia pode fazer uma grande diferença ao longo do tempo. No próximo capítulo, vamos explorar o poder dos investimentos, fornecendo uma introdução ao mundo dos investimentos e como começar a fazer seu dinheiro trabalhar para você.

Capítulo 4: Lidando com Dívidas e Empréstimos

Dívidas e empréstimos podem se tornar um fardo financeiro se não forem administrados adequadamente. Neste capítulo, abordaremos estratégias e dicas para lidar com dívidas de forma eficiente e inteligente. Aprenderemos como organizar suas dívidas, negociar com credores, criar um plano de pagamento e evitar cair em armadilhas financeiras. Vamos começar a enfrentar as dívidas de frente.

O primeiro passo para lidar com dívidas é fazer um levantamento completo de todas elas. Liste todas as dívidas, incluindo o valor, a taxa de juros, as parcelas e os prazos. Isso lhe dará uma visão clara da sua situação financeira e permitirá tomar decisões informadas.

Após identificar todas as suas dívidas, priorize-as com base em critérios como a taxa de juros, o valor devido e as consequências de não pagamento. Dê prioridade às dívidas com taxas de juros mais altas, pois são as que acumulam mais juros ao longo do tempo.

Caso esteja enfrentando dificuldades para pagar suas dívidas, entre em contato com os credores e explique sua situação financeira. Muitas vezes, eles estão dispostos a renegociar os termos do pagamento, oferecendo opções como redução de juros, aumento do prazo ou até mesmo descontos no valor total da dívida.

Com base nas suas prioridades, crie um plano de pagamento para suas dívidas. Determine quanto você pode destinar mensalmente para o pagamento das dívidas e distribua esse valor de acordo com as prioridades estabelecidas. Concentre-se em quitar uma dívida de cada vez, enquanto continua a pagar o valor mínimo das outras.

Durante o processo de pagamento das dívidas, é importante evitar contrair novas dívidas. Avalie cuidadosamente antes de fazer uma compra financiada ou solicitar um novo empréstimo. Foque em seu plano de pagamento e trabalhe para se livrar das dívidas existentes antes de adquirir novas.

Se você está enfrentando dificuldades significativas para lidar com suas dívidas, considere buscar ajuda profissional. Consultores financeiros ou organizações de aconselhamento de crédito podem fornecer orientação especializada e ajudá-lo(a) a desenvolver um plano eficiente para lidar com suas dívidas.

Além de lidar com as dívidas existentes, é importante desenvolver hábitos financeiros saudáveis para evitar futuros problemas. Mantenha um orçamento, gaste de forma consciente, evite compras por impulso e economize para criar uma reserva de emergência. Desenvolver uma mentalidade de controle financeiro ajudará a evitar o endividamento excessivo no futuro.

Lidar com dívidas e empréstimos pode ser desafiador, mas não é impossível. Ao fazer um levantamento completo das suas dívidas, priorizá-las, negociar com os credores, criar um plano de pagamento, evitar novas dívidas e buscar ajuda profissional quando necessário, você estará no caminho certo para se livrar das dívidas e alcançar a estabilidade financeira. Lembre-se de que é um processo gradual, que requer disciplina e comprometimento.

4.1 Entenda as diferenças entre dívidas boas e dívidas ruins

No mundo das finanças, nem todas as dívidas são iguais. É importante entender as diferenças entre dívidas boas e dívidas ruins para tomar decisões financeiras mais conscientes.

Empréstimos estudantis são considerados dívidas boas, pois representam um investimento em seu futuro. Ao adquirir educação e habilidades adicionais, você aumenta suas chances de obter melhores oportunidades de emprego e aumentar sua renda a longo prazo.

Financiar a compra de um imóvel próprio é geralmente considerado uma dívida boa. A propriedade imobiliária pode valorizar ao longo do tempo, proporcionando um retorno sobre o investimento. Além disso, o pagamento do financiamento pode ser comparável ou até mesmo menor do que o custo do aluguel.

Ao iniciar ou expandir um negócio, é comum buscar empréstimos para financiar esse crescimento. Essas dívidas podem ser consideradas boas, desde que o negócio seja viável e tenha potencial para gerar lucros e pagar a dívida no futuro.

Algumas dívidas com taxas de juros baixas, como empréstimos com garantia, podem ser consideradas boas. Essas dívidas permitem financiar investimentos ou necessidades essenciais com um custo menor, tornando-as mais gerenciáveis e permitindo que você mantenha seu fluxo de caixa positivo.

Dívidas de consumo não essenciais, como empréstimos para compra de itens de luxo, férias ou entretenimento, geralmente são consideradas dívidas ruins. Essas dívidas não agregam valor financeiro e podem levar a um ciclo de endividamento excessivo.

Dívidas com altas taxas de juros, como cartões de crédito ou empréstimos pessoais não garantidos, são consideradas dívidas ruins. Os altos juros podem levar a um acúmulo rápido de dívidas, tornando difícil o pagamento do valor principal.

Ao pagar apenas o valor mínimo exigido em suas dívidas, você corre o risco de entrar em uma armadilha financeira. Os juros continuam se acumulando e o pagamento da dívida pode se estender por um longo período, resultando em um custo total muito maior do que o valor original.

Utilizar dívidas de curto prazo, como cartões de crédito, para financiar gastos de longo prazo, como a compra de um carro, pode ser considerado uma dívida ruim. Essa prática pode resultar em pagamentos mensais altos e juros elevados, tornando difícil a quitação da dívida.

É importante distinguir entre dívidas boas e dívidas ruins para tomar decisões financeiras mais informadas. Dívidas boas estão associadas a investimentos que podem trazer retorno financeiro ou benefícios a longo prazo, como educação, imóveis e empréstimos para negócios. Por outro lado, dívidas ruins incluem gastos não essenciais, altas taxas de juros e o uso de dívidas de curto prazo para financiar gastos de longo prazo. Ao entender essas diferenças, você pode tomar decisões mais conscientes e evitar o acúmulo excessivo de dívidas prejudiciais para sua situação financeira.

4.2 Estratégias para lidar com dívidas e evitar o endividamento

Lidar com dívidas e evitar o endividamento excessivo é essencial para manter uma saúde financeira estável.

Crie um planejamento financeiro detalhado para entender sua situação atual e estabelecer metas realistas. Analise suas receitas, despesas e dívidas existentes. Identifique áreas em que você possa reduzir despesas e reserve uma quantia para pagar suas dívidas mensalmente.

Identifique gastos desnecessários em seu orçamento e elimine-os. Analise seus hábitos de consumo e encontre maneiras de reduzir despesas. Isso inclui cortar assinaturas desnecessárias, evitar compras por impulso e priorizar necessidades em vez de desejos.

Crie um fundo de emergência para lidar com despesas inesperadas, como reparos em casa ou despesas médicas. Ter uma reserva financeira adequada pode ajudar a evitar a necessidade de contrair mais dívidas em momentos de crise.

Entre em contato com seus credores para negociar os termos de suas dívidas. Explique sua situação financeira e procure opções como redução de juros, prorrogação de prazos ou planos de pagamento mais flexíveis. A renegociação pode tornar suas dívidas mais gerenciáveis e aliviar a pressão financeira.

Ao fazer o pagamento de suas dívidas, priorize aquelas com taxas de juros mais altas. Concentre-se em pagar o máximo possível nessas dívidas enquanto continua pagando o valor mínimo nas demais. Isso ajudará a reduzir o custo total das dívidas a longo prazo.

Resista à tentação de contrair novas dívidas, a menos que seja absolutamente necessário. Antes de fazer uma compra financiada, avalie se é algo realmente essencial e se você tem capacidade financeira para pagá-la sem comprometer seu orçamento.

Invista tempo em aprender sobre finanças pessoais. Leia livros, participe de cursos ou assista a vídeos educativos sobre o assunto. Quanto mais conhecimento você adquirir, mais preparado estará para tomar decisões financeiras inteligentes e evitar armadilhas de endividamento.

Se você está enfrentando dificuldades significativas para lidar com suas dívidas, considere buscar a ajuda de um consultor financeiro ou uma organização de aconselhamento de crédito. Esses profissionais podem fornecer orientação especializada e ajudá-lo(a) a desenvolver um plano de pagamento eficiente.

Lidar com dívidas e evitar o endividamento excessivo requer disciplina, planejamento e consciência financeira. Ao fazer um planejamento financeiro, cortar gastos desnecessários, estabelecer um fundo de emergência, renegociar suas dívidas, priorizar pagamentos, evitar novas dívidas, aprender sobre finanças pessoais e buscar ajuda profissional quando necessário, você estará no caminho certo para lidar com suas dívidas de forma eficiente e evitar futuros problemas de endividamento. Lembre-se de que é um processo gradual, mas com determinação e perseverança, você pode alcançar a liberdade financeira.

4.3 Opções de renegociação de dívidas

Se você está enfrentando dificuldades para pagar suas dívidas, a renegociação pode ser uma solução viável para aliviar a pressão financeira.

Entre em contato diretamente com seus credores para discutir suas dificuldades financeiras e explorar opções de renegociação. Explique sua situação de maneira clara e honesta. Muitas vezes, os credores estão dispostos a trabalhar com você para encontrar uma solução adequada. Negocie a redução da taxa de juros sobre suas dívidas. Taxas de juros elevadas podem dificultar o pagamento das dívidas. Explique sua situação financeira e peça ao credor para reduzir a taxa de juros, tornando os pagamentos mais acessíveis.

Se você está com dificuldades financeiras temporárias, pode solicitar a prorrogação do prazo de pagamento das suas dívidas. Isso permitirá que você tenha um pouco mais de tempo para se reorganizar financeiramente antes de retomar os pagamentos.

Converse com os credores sobre a possibilidade de parcelar suas dívidas. Em vez de pagar o valor total de uma só vez, você pode propor um plano de pagamento parcelado, que se encaixe melhor em seu orçamento mensal.

Em casos de dívidas mais complexas, como empréstimos de longo prazo ou financiamentos, é possível solicitar a reestruturação da dívida. Isso envolve alterar os termos e condições originais da dívida para torná-la mais gerenciável. Os credores podem estar dispostos a reajustar as parcelas, prazos ou taxas de juros.

Se você possui várias dívidas com diferentes credores, pode considerar a consolidação de dívidas. Isso envolve obter um novo empréstimo para pagar todas as suas dívidas existentes, deixando você com uma única dívida e uma única parcela de pagamento. A consolidação pode ajudar a simplificar o pagamento das dívidas e potencialmente reduzir as taxas de juros.

Se você está enfrentando dificuldades significativas para lidar com suas dívidas, pode procurar serviços de mediação ou aconselhamento de crédito. Essas organizações podem atuar como intermediários entre você e seus credores, ajudando a negociar termos de pagamento mais favoráveis e oferecendo orientação financeira.

É importante lembrar que cada situação é única, e a renegociação de dívidas depende das políticas dos credores e da sua capacidade financeira. Antes de iniciar qualquer processo de renegociação, analise cuidadosamente sua situação financeira e estabeleça um plano de pagamento que seja realista e sustentável para você.

A renegociação de dívidas pode ser uma solução eficaz para aliviar a pressão financeira e retomar o controle de suas finanças. Ao entrar em contato com os credores, buscar redução de juros, prorrogar prazos, parcelar dívidas, reestruturar a dívida, consolidar as dívidas ou buscar ajuda profissional, você tomará medidas concretas para enfrentar suas dívidas de forma mais gerenciável. Lembre-se de que a comunicação aberta e honesta com os credores é fundamental durante o processo de renegociação.

4.4 Cuidados ao fazer empréstimos e contrair crédito

Fazer empréstimos e contrair crédito pode ser uma opção viável em determinadas situações, mas é importante tomar cuidados para evitar problemas financeiros futuros.

Antes de fazer um empréstimo ou contrair crédito, avalie cuidadosamente sua capacidade de pagamento. Analise seu fluxo de caixa e verifique se você terá recursos suficientes para pagar as parcelas do empréstimo ou as faturas do cartão de crédito. Certifique-se de que o pagamento mensal não comprometerá seu orçamento e suas despesas essenciais.

Não aceite a primeira oferta que receber. Compare as opções de empréstimo ou crédito de diferentes instituições financeiras, como bancos, cooperativas de crédito e financeiras. Verifique as taxas de juros, os prazos de pagamento e as condições oferecidas por cada uma. Escolha a opção que seja mais adequada às suas necessidades e que tenha taxas de juros mais favoráveis.

Antes de assinar qualquer contrato de empréstimo ou crédito, leia atentamente todas as cláusulas e entenda todas as condições. Certifique-se de estar ciente das taxas de juros, encargos, multas por atraso e todas as informações relevantes. Se tiver dúvidas, não hesite em pedir esclarecimentos ao credor.

Alguns empréstimos, como empréstimos pessoais não garantidos, podem ter taxas de juros muito altas. Tenha cuidado ao considerar esses empréstimos, pois eles podem levar a um custo total significativo ao longo do tempo. Avalie se o empréstimo é realmente necessário e se você pode arcar com as despesas associadas.

Não se deixe levar pela facilidade de crédito e evite o endividamento excessivo. Não contraia empréstimos ou utilize crédito para financiar gastos não essenciais ou supérfluos. Priorize suas necessidades e avalie se o empréstimo é realmente necessário antes de prosseguir.

Pagar apenas o valor mínimo da fatura do cartão de crédito pode levar a um acúmulo de dívidas devido aos altos juros cobrados. Sempre que possível, pague o valor total da fatura para evitar juros adicionais e reduzir sua dívida.

Mantenha um controle rigoroso de seus gastos e pagamentos de empréstimos ou créditos. Utilize planilhas ou aplicativos de controle financeiro para monitorar suas finanças. Isso ajudará a evitar atrasos nos pagamentos e a manter suas dívidas sob controle.

Ao fazer empréstimos ou contrair crédito, é fundamental tomar precauções para evitar problemas financeiros futuros. Avalie sua capacidade de pagamento, compare as opções disponíveis, leia e entenda o contrato, tenha cuidado com empréstimos de alto custo, evite o endividamento excessivo, evite o pagamento mínimo no cartão de crédito e acompanhe seus gastos e pagamentos. Essas medidas ajudarão você a tomar decisões financeiras mais conscientes e a evitar dívidas excessivas. Lembre-se de que é importante buscar orientação profissional caso esteja enfrentando dificuldades financeiras significativas.

Capítulo 5: Investindo para o Futuro

Investir para o futuro é uma parte essencial da educação financeira. Neste capítulo, vamos explorar os conceitos básicos de investimento, as diferentes opções de investimento disponíveis e como começar a investir, mesmo com pouco dinheiro. Vamos aprender a fazer nosso dinheiro trabalhar para nós e construir um futuro financeiramente saudável.

Começaremos entendendo os princípios básicos do investimento. Abordaremos conceitos como retorno sobre investimento (ROI), risco *versus* recompensa, diversificação e horizonte de investimento. Compreender esses princípios é fundamental para tomar decisões de investimento informadas.

Antes de começar a investir, é importante definir seus objetivos financeiros de curto, médio e longo prazo. Esses objetivos podem incluir a compra de uma casa, aposentadoria confortável, educação dos filhos ou uma viagem dos sonhos. Ter metas claras ajudará a orientar suas decisões de investimento.

Existem diversas opções de investimento disponíveis, cada uma com características diferentes. Vamos explorar as opções mais comuns, como ações, títulos, fundos mútuos, imóveis e investimentos em renda fixa. Analisaremos os prós e contras de cada opção, ajudando você a tomar decisões adequadas aos seus objetivos.

Ao investir, é importante considerar seu perfil de risco. Algumas pessoas têm maior tolerância a riscos, enquanto outras preferem investimentos mais conservadores. Avalie sua tolerância ao risco e alinhe seus investimentos de acordo com seu perfil, buscando um equilíbrio entre risco e retorno.

Investir não é exclusivo para quem tem muito dinheiro. Mesmo com pouco capital, é possível começar a investir. Abordaremos estratégias para investir com pouco dinheiro, como investir em pequenas quantidades regularmente, utilizar aplicativos de investimento e aproveitar opções de investimento de baixo custo.

A diversificação é uma estratégia importante para reduzir o risco de investimento. Explicaremos o conceito de diversificação e como construir uma carteira de investimentos diversificada, distribuindo seus investimentos em diferentes classes de ativos e setores.

Investir requer acompanhamento regular e ajustes conforme necessário. Aprenda a acompanhar o desempenho de seus investimentos, analisar relatórios e tomar decisões informadas. Esteja preparado para ajustar sua carteira de investimentos com base em mudanças nas circunstâncias econômicas e em seus objetivos financeiros.

Investir para o futuro é uma jornada emocionante e essencial para alcançar a independência financeira. Ao entender os princípios básicos do investimento, definir seus objetivos financeiros, conhecer as opções de investimento, considerar seu perfil de risco, começar a investir com pouco dinheiro, diversificar sua carteira e acompanhar e ajustar seus investimentos, você estará no caminho certo para construir um futuro financeiramente saudável. Lembre-se de que a educação financeira contínua e o aprimoramento de seus conhecimentos são fundamentais para tomar decisões de investimento informadas.

5.1 Os diferentes tipos de investimentos disponíveis

Quando se trata de investir, há uma ampla variedade de opções disponíveis. Cada tipo de investimento possui características e objetivos diferentes. Aqui estão alguns dos principais tipos de investimentos que você pode considerar:

Ações: Investir em ações significa comprar uma participação nas empresas. Os investidores se tornam acionistas e têm direito a uma parcela dos lucros e votam em decisões corporativas. As ações são negociadas em bolsas de valores e seu valor pode flutuar com base no desempenho da empresa e nas condições do mercado. O investimento em ações pode proporcionar altos retornos, mas também está associado a um maior risco.

Títulos: Títulos são empréstimos que os investidores fazem ao governo, empresas ou outras entidades. Os investidores recebem pagamentos regulares de juros e o valor principal é reembolsado no vencimento do título. Os títulos são considerados investimentos de menor risco em comparação com as ações, pois oferecem retornos previsíveis. Alguns tipos comuns de títulos incluem títulos do tesouro, títulos corporativos e títulos municipais.

Fundos mútuos: Fundos mútuos são veículos de investimento coletivo, nos quais os investidores contribuem com dinheiro para formar um *pool* de recursos. Esse dinheiro é gerenciado por um gestor profissional, que investe em uma ampla variedade de ativos, como ações, títulos e outros instrumentos financeiros. Os investidores possuem cotas do fundo proporcionalmente ao valor que investiram. Os fundos mútuos oferecem diversificação e são adequados para investidores que desejam ter exposição a vários ativos.

Imóveis: Investir em imóveis envolve a compra de propriedades, como casas, apartamentos, terrenos ou imóveis comerciais, com o objetivo de obter retorno financeiro. Os investidores podem ganhar dinheiro através do aluguel de propriedades ou pela valorização do valor do imóvel ao longo do tempo. Investir em imóveis pode ser lucrativo, mas requer pesquisa e gerenciamento adequado.

Investimentos em renda fixa: Além dos títulos, existem outras opções de investimento em renda fixa, como certificados de depósito (CDs), contas do mercado monetário e notas promissórias. Esses investimentos oferecem retornos fixos ou previsíveis ao longo do tempo. Eles são considerados mais seguros do que investimentos em ações, mas geralmente têm retornos mais baixos.

Fundos de investimento imobiliário (FIIs): Os FIIs são fundos que investem em empreendimentos imobiliários, como edifícios comerciais, *shoppings*, hospitais e hotéis. Os investidores podem comprar cotas desses fundos e receber dividendos proporcionais aos rendimentos gerados pelos empreendimentos imobiliários. Os FIIs oferecem aos investidores a oportunidade de investir em imóveis sem precisar comprar uma propriedade inteira.

Investimentos alternativos: Além dos investimentos tradicionais, há também opções de investimentos alternativos, como *commodities*, moedas estrangeiras, criptomoedas, arte e metais preciosos. Esses investimentos tendem a ser mais voláteis e menos regulamentados do que os investimentos tradicionais, e podem ser adequados para investidores mais experientes e dispostos a assumir riscos adicionais.

É importante lembrar que cada tipo de investimento possui riscos e recompensas diferentes. Antes de investir, é fundamental fazer uma análise cuidadosa, entender os objetivos do investimento e buscar aconselhamento financeiro, se necessário. Diversificar sua carteira de investimentos, combinando diferentes tipos de investimentos, pode ajudar a reduzir o risco geral e aumentar as chances de obter retornos positivos.

5.2 Como definir seus objetivos financeiros e escolher os investimentos adequados

Comece avaliando suas necessidades e prioridades financeiras. Pergunte-se: quais são meus objetivos de curto prazo, médio prazo e longo prazo? Isso pode incluir a compra de uma casa, aposentadoria confortável, educação dos filhos, uma viagem dos sonhos ou a construção de uma reserva de emergência. Liste esses objetivos e estime os custos associados a cada um.

Transforme suas necessidades e prioridades em metas financeiras específicas. Por exemplo, defina uma meta de economizar uma quantia específica para a entrada de uma casa nos próximos cinco anos ou acumular um valor específico para sua aposentadoria até uma determinada idade. Certifique-se de que suas metas sejam realistas, mensuráveis e com prazos definidos.

Avalie seu perfil de risco antes de escolher os investimentos adequados. Pergunte-se: qual é minha tolerância ao risco? Estou disposto a assumir riscos mais altos em busca de maiores retornos ou prefiro investimentos mais conservadores e estáveis? Seja honesto consigo mesmo(a) sobre sua disposição para lidar com flutuações no valor de seus investimentos.

Agora é hora de pesquisar e entender as diferentes opções de investimento disponíveis. Analise cuidadosamente as características e os riscos de cada tipo de investimento, como ações, títulos, fundos mútuos, imóveis e investimentos em renda fixa. Considere como cada tipo de investimento pode ajudar a alcançar seus objetivos financeiros.

A diversificação é fundamental para reduzir o risco em sua carteira de investimentos. Ao escolher os investimentos adequados, certifique-se de diversificar entre diferentes classes de ativos e setores. Isso ajudará a equilibrar o risco e a aumentar as chances de obter retornos positivos.

Se você não tem experiência ou não se sente confortável em escolher os investimentos adequados, considere buscar orientação de um profissional de investimentos, como um consultor financeiro. Eles podem ajudar a avaliar seu perfil de risco, entender suas metas financeiras e recomendar uma estratégia de investimento personalizada.

Uma vez que você tenha escolhido seus investimentos e iniciado sua jornada de investimento, é importante monitorar regularmente o desempenho de seus investimentos. Faça ajustes conforme necessário com base em mudanças em suas metas financeiras, no ambiente econômico e nas condições do mercado.

Lembre-se de que investir é uma jornada contínua e que seus objetivos financeiros podem evoluir ao longo do tempo. Revise suas metas periodicamente e faça os ajustes necessários em sua estratégia de investimento para mantê-la alinhada com suas necessidades e prioridades em constante mudança.

Definir seus objetivos financeiros é o primeiro passo para escolher os investimentos adequados. Avalie suas necessidades, estabeleça metas financeiras específicas, considere seu perfil de risco e pesquise as opções de investimento disponíveis. Diversifique sua carteira de investimentos, consulte um profissional de investimentos, se necessário, e monitore regularmente o desempenho de seus investimentos. Ao tomar decisões de investimento informadas, você estará no caminho certo para alcançar seus objetivos financeiros e construir um futuro financeiramente saudável.

5.3 Dicas para começar a investir mesmo com pouco dinheiro

Investir pode parecer intimidante, especialmente se você tem pouco dinheiro disponível. No entanto, mesmo com um capital inicial modesto, é possível dar os primeiros passos no mundo dos investimentos.

Antes de começar a investir, estabeleça um orçamento dedicado especificamente para esse fim. Reserve uma quantia mensal ou trimestral para investir, levando em consideração sua situação financeira e suas outras despesas. Ao ter um orçamento definido, você poderá destinar uma parte de sua renda para investimentos regularmente.

Quando você tem pouco dinheiro para investir, é importante procurar opções de investimento de baixo custo. Opte por corretoras ou plataformas de investimento que ofereçam taxas e comissões reduzidas. Além disso, considere investir em fundos de índice (ETFs) ou fundos mútuos de baixo custo, que permitem diversificar seus investimentos sem a necessidade de uma grande quantia inicial.

Uma estratégia eficaz para começar a investir com pouco dinheiro é realizar aportes regulares, mesmo que sejam pequenos. Em vez de esperar até ter uma grande soma para investir, comece com quantias menores, mas invista consistentemente ao longo do tempo. Isso permite que você aproveite o conceito de média de custo, comprando mais quando os preços estão baixos e menos quando estão altos.

Atualmente, existem diversos aplicativos de investimento que permitem começar a investir com pouco dinheiro. Esses aplicativos geralmente têm taxas baixas e oferecem opções de investimento fracionado, permitindo que você invista pequenas quantias em ações, ETFs e outros ativos. Alguns exemplos populares de aplicativos de investimento são o Warren, XP Investimentos, Rico e Magnetis.

Se você investir em ações que pagam dividendos, aproveite os programas de reinvestimento de dividendos (DRIPs). Esses programas permitem que você reinvista automaticamente os dividendos recebidos na compra de mais ações, mesmo que seja em frações. Dessa forma, você pode aumentar sua participação nas empresas gradualmente, sem precisar de grandes quantias.

Um passo fundamental para começar a investir é buscar conhecimento sobre o assunto. Dedique tempo para ler livros, artigos, assistir a vídeos educativos e participar de cursos *online* gratuitos sobre investimentos. Quanto mais você se educar sobre os princípios básicos de investimento, melhores serão suas decisões financeiras.

À medida que você ganha confiança e aumenta sua capacidade de investir, aumente gradualmente a quantia que você destina aos investimentos. À medida que sua renda cresce e suas despesas são controladas, você poderá aumentar seus aportes mensais ou fazer investimentos maiores.

Embora possa parecer desafiador começar a investir com pouco dinheiro, é possível dar os primeiros passos no mundo dos investimentos. Estabeleça um orçamento de investimento, comece com investimentos de baixo custo, invista regularmente com aportes pequenos e aproveite aplicativos de investimento. Eduque-se sobre investimentos, utilize programas de reinvestimento de dividendos e aumente seus investimentos com o tempo. Lembre-se de que a consistência e a disciplina são fundamentais para o sucesso dos investimentos. Com o tempo, suas economias e investimentos podem crescer e ajudá-lo(a) a alcançar seus objetivos financeiros.

Lembre-se de que começar a investir mesmo com pouco dinheiro requer paciência e disciplina. Não espere resultados imediatos, pois os investimentos são de longo prazo. Continue aprendendo e ajustando sua estratégia ao longo do tempo para se adaptar às mudanças do mercado e alcançar seus objetivos financeiros

5.4 Entendendo os riscos e retornos dos investimentos

Ao investir, é essencial compreender os conceitos de risco e retorno. Os investimentos envolvem a possibilidade de ganhos, mas também de perdas.

O risco é a possibilidade de que seus investimentos possam perder valor ou não gerar os retornos esperados. Diferentes tipos de investimentos apresentam diferentes níveis de risco. Investimentos mais arriscados, como ações, possuem maior volatilidade e estão sujeitos a flutuações de curto prazo no valor de mercado. Investimentos mais conservadores, como títulos do governo, apresentam menor risco, mas também oferecem retornos potencialmente menores.

O retorno é o lucro ou ganho obtido com um investimento. É a remuneração pelo risco assumido. Os retornos podem vir de diferentes formas, como juros, dividendos ou valorização do investimento. Investimentos mais arriscados tendem a oferecer retornos potencialmente mais altos, enquanto investimentos mais conservadores podem oferecer retornos mais estáveis, porém mais baixos.

A relação risco-retorno refere-se à conexão entre o risco assumido e o potencial de retorno. Em geral, quanto maior o risco de um investimento, maior é o potencial de retorno, mas também maior é a possibilidade de perdas. Por outro lado, investimentos mais conservadores têm menor potencial de retorno, mas também menor risco.

O horizonte de investimento é o período que você planeja manter seus investimentos. Investimentos de longo prazo geralmente têm maior potencial de retorno, mas também podem estar sujeitos a flutuações de curto prazo. Se você tem um horizonte de investimento mais curto, pode preferir investimentos mais conservadores para proteger seu capital.

A diversificação é uma estratégia fundamental para gerenciar o risco em seus investimentos. Consiste em espalhar seu dinheiro por diferentes tipos de ativos, setores e regiões geográficas. Diversificar sua carteira de investimentos pode reduzir a exposição a riscos específicos e ajudar a equilibrar as perdas em caso de desempenho ruim de um investimento específico.

Sua tolerância ao risco é a disposição de lidar com a possibilidade de perdas em seus investimentos. Ela está relacionada com sua capacidade emocional e financeira de suportar flutuações no valor de seus investimentos. É importante avaliar sua tolerância ao risco antes de tomar decisões de investimento, pois ela pode influenciar suas escolhas e sua capacidade de se manter firme durante períodos de volatilidade.

Se você não tem experiência ou conhecimento suficiente sobre investimentos, é recomendável buscar orientação de um consultor financeiro ou especialista em investimentos. Um profissional pode ajudar a avaliar sua tolerância ao risco, entender seus objetivos financeiros e recomendar uma estratégia de investimento adequada ao seu perfil.

Entender os riscos e retornos dos investimentos é fundamental para tomar decisões financeiras informadas. Avalie o risco associado a cada tipo de investimento, considere a relação risco-retorno, leve em conta seu horizonte de investimento e sua tolerância ao risco. Diversifique sua carteira de investimentos e, se necessário, busque aconselhamento financeiro. Lembre-se de que o investimento envolve a possibilidade de perdas, mas também oferece oportunidades de crescimento financeiro a longo prazo. Ao entender e gerenciar os riscos, você estará no caminho certo para construir uma carteira de investimentos equilibrada e alcançar seus objetivos financeiros.

Capítulo 6: Planejando a Aposentadoria

Planejar a aposentadoria é uma etapa fundamental da educação financeira. Neste capítulo, vamos abordar a importância do planejamento da aposentadoria, os principais desafios que você pode enfrentar e as estratégias para garantir um futuro financeiramente estável durante a fase da aposentadoria.

Vamos explorar porque o planejamento da aposentadoria é tão importante. Discutiremos os benefícios de começar a se planejar cedo, o impacto do tempo e dos juros compostos, além das implicações de depender exclusivamente da previdência social. Compreender a importância do planejamento da aposentadoria é o primeiro passo para garantir um futuro financeiro tranquilo.

Determinar suas necessidades de renda durante a aposentadoria é essencial para estabelecer metas financeiras realistas. Vamos discutir métodos para estimar suas despesas futuras, considerando fatores como inflação, estilo de vida desejado e gastos com saúde. Essa estimativa ajudará você a determinar quanto precisa economizar e investir para atingir seus objetivos de aposentadoria.

Existem diferentes opções de planos de aposentadoria disponíveis, como planos de previdência privada ou planos de contribuição definida, entre outras. Vamos explorar essas opções, suas características e benefícios. Discutiremos também a importância de aproveitar os benefícios dos planos de aposentadoria oferecidos pelo empregador.

Investir adequadamente para a aposentadoria é crucial para aumentar suas economias ao longo do tempo. Vamos abordar estratégias de investimento específicas para a aposentadoria, como diversificação, alocação de ativos, perfil de risco e horizonte de investimento. Discutiremos também a importância de revisar e ajustar sua estratégia de investimento à medida que se aproxima a idade da aposentadoria.

Aproveitar os benefícios fiscais disponíveis para o planejamento da aposentadoria é fundamental. A saúde é um fator importante a ser considerado no planejamento da aposentadoria. Vamos abordar a importância de economizar para despesas médicas e considerar o custo do seguro de saúde durante a aposentadoria.

O planejamento da aposentadoria não é um processo único, mas sim contínuo. É importante revisar e ajustar seu plano de aposentadoria regularmente para garantir que ele esteja alinhado com suas metas e circunstâncias em mudança. Vamos explorar sinais de alerta para reavaliar seu plano de aposentadoria e estratégias para fazer ajustes quando necessário.

6.1 A importância de começar a se preparar para a aposentadoria desde cedo

Começar a se preparar para a aposentadoria desde cedo é fundamental para garantir um futuro financeiramente estável.

Um dos maiores benefícios de começar cedo é aproveitar o poder do tempo e dos juros compostos. Quanto mais cedo você começar a investir, mais tempo seus investimentos terão para crescer. Os juros compostos permitem que seus rendimentos sejam reinvestidos ao longo do tempo, aumentando ainda mais seu patrimônio. Mesmo pequenas contribuições regulares podem se transformar em uma quantia significativa ao longo dos anos.

A aposentadoria é uma fase da vida em que você deixa de trabalhar e depende de suas economias e investimentos para sustentar seu estilo de vida. Começar a economizar e investir cedo permite acumular um patrimônio sólido ao longo dos anos. Quanto mais cedo você começar a acumular esse patrimônio, mais tempo terá para construir uma reserva financeira adequada para a aposentadoria.

Ao começar a se preparar para a aposentadoria desde cedo, você terá mais flexibilidade financeira no futuro. Economizar gradualmente ao longo dos anos permite que você ajuste suas despesas e orçamento de acordo com suas metas de aposentadoria. Além disso, começar cedo significa que você não precisará economizar grandes quantias de uma só vez, aliviando a pressão financeira no futuro.

A vida é cheia de imprevistos e incertezas. Começar a se preparar para a aposentadoria desde cedo permite que você crie uma rede de segurança financeira para enfrentar esses desafios. Ter um fundo de emergência adequado e investimentos sólidos ajudará a lidar com possíveis contratempos e garantirá que você esteja preparado para enfrentar as incertezas da vida.

Ao começar a investir para a aposentadoria cedo, você tem uma maior flexibilidade de investimento. Com mais tempo pela frente, você pode se arriscar um pouco mais e buscar investimentos de longo prazo que podem ter maiores retornos, mas também maior volatilidade. Conforme você se aproxima da aposentadoria, é recomendável ajustar sua estratégia de investimento para reduzir o risco e preservar seu patrimônio.

A preparação para a aposentadoria desde cedo visa garantir que você possa desfrutar de uma aposentadoria confortável. Ao começar cedo, você tem a oportunidade de acumular um patrimônio sólido, diversificar seus investimentos e garantir uma fonte confiável de renda para sustentar seu estilo de vida desejado durante a aposentadoria. Isso permitirá que você aproveite os frutos de seu trabalho e tenha tranquilidade financeira na fase da aposentadoria.

Começar a se preparar para a aposentadoria desde cedo é fundamental para garantir um futuro financeiramente estável. Aproveitar o benefício do tempo e dos juros compostos, acumular um patrimônio sólido, ter flexibilidade financeira, lidar com incertezas, aproveitar a flexibilidade de investimento e desfrutar de uma aposentadoria confortável são alguns dos motivos pelos quais é importante começar cedo. Lembre-se de que cada pessoa tem circunstâncias financeiras únicas, mas a chave é começar o quanto antes e manter um plano consistente de economia e investimento ao longo dos anos.

6.2 Conhecendo as opções de previdência privada

A previdência privada é uma alternativa complementar à previdência social oferecida pelo governo. Ela permite que você faça contribuições financeiras ao longo do tempo, com o objetivo de acumular uma reserva para ser utilizada na aposentadoria. Vamos explorar as principais opções de previdência privada disponíveis:

PGBL (Plano Gerador de Benefício Livre): O PGBL é um tipo de previdência privada que oferece benefícios fiscais no momento das contribuições. As contribuições realizadas ao PGBL podem ser deduzidas do Imposto de Renda até o limite de 12% da renda bruta tributável anual. No entanto, no momento do resgate, o imposto incidirá sobre o valor total resgatado, ou seja, sobre o montante acumulado e os rendimentos gerados ao longo do tempo.

VGBL (Vida Gerador de Benefício Livre): O VGBL é outra opção de previdência privada. Diferentemente do PGBL, as contribuições realizadas ao VGBL não são dedutíveis do Imposto de Renda. No entanto, no momento do resgate, o imposto incide apenas sobre os rendimentos gerados, e não sobre o valor total acumulado. Isso ocorre porque as contribuições ao VGBL são feitas com recursos que já foram tributados.

Previdência privada em bancos e seguradoras: Bancos e seguradoras oferecem produtos de previdência privada que podem ser contratados de forma individual. Esses produtos permitem que você faça contribuições periódicas de acordo com suas possibilidades financeiras. Ao escolher um produto de previdência privada em um banco ou seguradora, é importante considerar as taxas de administração, carregamento e rentabilidade oferecidas.

Fundos de previdência privada: Os fundos de previdência privada são outra opção disponível. Esses fundos são compostos por uma carteira diversificada de ativos, como ações, títulos e imóveis, gerenciados por uma equipe de especialistas. Ao investir em um fundo de previdência privada, você se torna um cotista e tem acesso aos rendimentos gerados pelos investimentos do fundo. É importante analisar a rentabilidade passada, as taxas de administração e a política de investimento do fundo antes de tomar uma decisão.

Previdência complementar oferecida pelo empregador: Algumas empresas oferecem planos de previdência complementar para seus funcionários. Esses planos podem ser do tipo PGBL ou VGBL e são uma forma de incentivar os colaboradores a se prepararem para a aposentadoria. Normalmente, a empresa pode fazer contribuições correspondentes ao valor que o funcionário contribui, aumentando assim o montante acumulado para a aposentadoria.

É importante considerar vários fatores ao escolher uma opção de previdência privada, como a rentabilidade histórica, as taxas envolvidas, a política de investimento, o tempo de investimento e a possibilidade de resgate antecipado. Além disso, é recomendável buscar orientação de um profissional especializado em previdência privada para ajudar na tomada de decisão.

A previdência privada é uma alternativa importante para complementar a previdência social e garantir um futuro financeiro estável na aposentadoria. Conhecendo as opções disponíveis, como PGBL, VGBL, previdência privada em bancos e seguradoras, fundos de previdência privada e previdência complementar oferecidas pelo empregador, você pode escolher a opção mais adequada às suas necessidades e objetivos financeiros. Lembre-se de analisar cuidadosamente as características, as taxas e a rentabilidade de cada opção antes de tomar uma decisão.

6.3 Estratégias para aumentar sua renda na terceira idade

A terceira idade é uma fase da vida em que muitas pessoas buscam maneiras de aumentar sua renda para garantir um estilo de vida confortável e aproveitar plenamente essa etapa.

Considerar trabalhar em meio período ou como freelancer é uma maneira de aumentar sua renda na terceira idade. Você pode explorar suas habilidades, conhecimentos e experiências anteriores para encontrar oportunidades de trabalho flexíveis que se encaixem em sua rotina. Isso pode incluir consultoria, aulas particulares, trabalhos temporários ou atividades que você goste e que possam gerar uma renda extra.

Se você tem o espírito empreendedor, considerar iniciar seu próprio negócio pode ser uma ótima opção. Identifique suas paixões e habilidades, e pense em como transformá-las em uma atividade lucrativa. Isso pode envolver a criação de uma loja *online*, a oferta de serviços especializados ou a produção de produtos artesanais. O empreendedorismo pode ser uma maneira gratificante de aumentar sua renda e se manter ativo na terceira idade.

Se você possui imóveis adicionais ou quartos vazios em sua casa, considere alugá-los para gerar uma renda adicional. O aluguel de imóveis pode ser uma fonte estável de renda passiva na terceira idade. Certifique-se de realizar uma pesquisa de mercado para estabelecer um valor de aluguel adequado e garantir que você esteja cumprindo todas as regulamentações e leis relacionadas com o aluguel de imóveis.

Ao chegar à terceira idade, é importante proteger seu patrimônio e garantir uma renda estável. Investimentos em renda fixa, como títulos do governo, certificados de depósito bancário (CDBs) e fundos de renda fixa, podem ser uma opção interessante. Esses investimentos oferecem retornos regulares e previsíveis, ajudando a complementar sua renda.

Explore os programas de benefícios e descontos oferecidos especificamente para idosos. Esses programas podem incluir descontos em transportes, cinemas, restaurantes, serviços de saúde, entre outros. Economizar em despesas cotidianas pode liberar recursos para outras áreas de sua vida ou até mesmo proporcionar uma renda extra.

Se você possui habilidades artísticas, artesanais ou talentos especiais, considere monetizá-los. Pense em como você pode transformar seus *hobbies* em uma fonte de renda, seja através da venda de suas criações, oferecendo aulas ou *workshops*, ou até mesmo realizando apresentações. Isso não apenas aumentará sua renda, mas também permitirá que você aproveite suas paixões e compartilhe seus talentos com os outros.

A tecnologia oferece muitas oportunidades para aumentar sua renda na terceira idade. Considere explorar o trabalho remoto, a venda de produtos *online*, a participação em pesquisas remuneradas, a criação de um *blog* ou canal de vídeos, entre outras opções. Aproveitar a tecnologia pode expandir suas opções de renda e permitir que você trabalhe de forma flexível e conveniente.

Lembre-se de considerar suas habilidades, interesses e preferências pessoais ao escolher as estratégias para aumentar sua renda na terceira idade. Encontre atividades que sejam gratificantes, que proporcionem satisfação e que sejam adequadas ao seu estilo de vida. Equilibre suas atividades para garantir que você também possa desfrutar de momentos de lazer e descanso durante essa fase da vida.

Planejar a aposentadoria é fundamental para garantir um futuro financeiro estável. Entendendo a importância do planejamento, estimando suas necessidades de renda, conhecendo as opções de planos de aposentadoria, investindo adequadamente, aproveitando benefícios fiscais, considerando a saúde e ajustando o plano ao longo do tempo, você estará no caminho certo para uma aposentadoria tranquila e confortável. Lembre-se de que cada pessoa tem necessidades financeiras únicas, portanto, adapte as estratégias às suas circunstâncias pessoais.

Fechando...

Chegamos ao final de **Educação financeira não é um bicho de-sete--cabeças**. Esperamos que este livro tenha ajudado a descomplicar o assunto e fornecido as ferramentas necessárias para que você possa tomar decisões financeiras mais conscientes e alcançar uma vida financeira equilibrada. Lembre-se de que a educação financeira é um processo contínuo, então continue buscando conhecimento e colocando em prática as lições aprendidas. Com disciplina e perseverança, você estará no caminho para conquistar a tão sonhada tranquilidade financeira.

Referência

ALMEIDA, Jarbas Thaunahy Santos de. **Matemágica das finanças**: o que você precisa saber antes de começar a investir. Mauá, 2023.

Impressão e acabamento
Gráfica da Editora Ciência Moderna Ltda.
Tel: (21) 2201-6662